AF567454

SINEB EL MASRAR

Heult leise, Habibis!

SINEB EL MASRAR

Heult leise, Habibis!

WIE IGNORANZ UND DAUEREMPÖRUNG UNSERE GESELLSCHAFT SPALTEN

eichborn

Die Bastei Lübbe AG verfolgt eine nachhaltige Buchproduktion. Wir verwenden Papiere aus nachhaltiger Forstwirtschaft und verzichten darauf, Bücher einzeln in Folie zu verpacken. Wir stellen unsere Bücher in Deutschland und Europa (EU) her und arbeiten mit den Druckereien kontinuierlich an einer positiven Ökobilanz.

Eichborn Verlag
Originalausgabe

Dieses Werk wurde vermittelt durch die
AVA international GmbH Autoren- und Verlagsagentur, München.
www.ava-international.de

Textredaktion: Ulrike Strerath-Bolz
Umschlaggestaltung: zero-media.net, München
Umschlagmotiv: © Stocksy/ Liliya Rodnikova; FinePic®, München
Satz: hanseatenSatz-bremen, Bremen
Gesetzt aus der Minion Pro
Druck und Verarbeitung: GGP Media GmbH, Pößneck

Printed in Germany
ISBN 978-3-8479-0170-9

5 4 3 2 1

Sie finden uns im Internet unter eichborn.de

Inhalt

Vorwort

Was bewegt uns? Was sehen wir? Was sehen wir nicht? Wem und welchen Dingen schenken wir Beachtung? Wann regt sich etwas in uns, sodass wir uns trauen, einen Schritt nach vorne zu treten und unsere Stimme zu erheben, um etwas zu kommentieren oder gegen oder für etwas zu protestieren? Schlicht: aktiv zu werden! Wie gehen wir mit aufwühlenden Ereignissen um? Worin unterscheiden wir uns im Umgang damit? Wohin führt uns die Reise, die wir mit unserem Kommunikationsstil antreten: als Teil der Gesellschaft persönlich und als Gesamtgesellschaft, als Wir? Meist sind es die tragischen Ereignisse, die uns medial beschäftigen. Wer sind wir im Miteinander, und welche Rolle nehmen wir mit unserem Kommunikationsverhalten ein?

I'm looking out the window
All I see is war, war, war
Switch on the radio
All I hear is war, war, war

Das singt die französisch-israelische Sängerin TAL zusammen mit Wyclef Jean in ihrem Song WAR.

Sie beschreibt in diesem melancholischen und rhythmischen Song einen Zustand, dem wir uns Menschen, selbst im Westen, nicht entziehen können. Die Welt brennt vielerorts. Während ich diese Vorwortzeilen schreibe, droht in der Sahelzone ein Krieg um Ressourcen auszubrechen. Länder wie Niger, die über große Uran- und Goldreserven verfügen, stehen im Fokus von Ländern wie Russland und Frankreich, die sich strategisch und wirtschaftlich in dieser Region entweder den Status quo bewahren wollen. Wie im Fall von Frankreich. Oder neue Ressourcen und Einflusszonen erschließen wollen, wie im Fall von Russland (und anderen). Diese Konflikte mögen auf den ersten Blick nichts mit uns zu tun haben. Nicht alle begreifen, wie stark unser Wohlstand mit dem Zugang zu chemischen und metallischen Bodenschätzen verwoben ist. Und oftmals ist uns nicht bewusst, wie sehr unsere Energie- oder auch Gesundheitsversorgung von solchen Ressourcen und damit auch von dieser Region abhängig ist. Doch wir hören, sehen und erfahren aus den Medien, wie Tal singt, von den bewaffneten und kriegerischen Konflikten.

Wenn ich vor diesem Hintergrund darauf blicke, wie hierzulande in den sogenannten Sozialen Medien ohne Not kleine Kriegsschauplätze entfacht werden, die zum Teil sehr bedrohlich sein können, wenn ein Mensch in den Fokus eines sogenannten Shitstorms gerät, dann kann ich persönlich nur den Kopf schütteln.

Dennoch ist die Situation nicht hoffnungslos. Darüber singt Tal auch:

But it's never too late
Ain't no reasons to wait
Lord, can you hear me now
We could build a rainbow
Just to go far, far, far

Dies setzt aber voraus, dass Menschen ihren Beitrag zum Frieden im Kleinen leisten wollen. Nicht immerzu eine Empörungswelle zu erzeugen und sie dann so lange zu reiten, bis sie jemanden oder etwas zerschmettert und wie ein Elefant im Porzellanladen einen Scherbenhaufen der Verwüstung hinterlässt. Weder ein Erkenntnisgewinn wird durch solche Empörungswellen erreicht, noch wird die Welt dadurch friedlicher oder besser. Vielmehr wird auf die nächste Gelegenheit gewartet, Rache zu üben.

Wohlgemerkt: Dies alles ist nicht zu verwechseln mit Debatte, Streit und Diskussion. Wer glaubt, dass Debatten und Diskussionen im Netz stattfinden, der glaubt auch, dass das Weltklima dort gerettet werden kann. Vielmehr geht es um Revierkämpfe, wie wir sie alle aus der Schule von diversen Cliquen noch kennen. Es wird gemobbt und ein Wir-gegen-Euch/Dich-Spiel gespielt.

Und auch dies ist wie damals in der Schule: Manche gehörten keiner Clique an und betrachteten oder schlichteten das Theater aus einer Beobachterrolle heraus oder versuchten den Ursprung des Streits durch Befragung der Konfliktparteien überhaupt erst zu begreifen. Werfe ich heute einen Blick in mein altes Poesiealbum aus der sechsten Klasse, so finde ich dort eine Zeichnung, die ein Mädchen mit langen

Haaren zeigt. Ein Mädchen, das mit einem Mikro ausgestattet ist und jedem mit Fragen auf die Pelle rückte. Es schien sich also früh meine Berufsrichtung abzuzeichnen.

Während also auf der Welt ernst zu nehmende Konflikte Menschenleben kosten und die regionale Sicherheit gefährden, geben wir uns hierzulande regelmäßig einer Empörungskultur hin, die in wahnwitziger Infantilität mündet. Und diese Infantilität sorgt nicht selten für Opfer und Kränkungen auf vielen Seiten. Die Schlüsse, die aus den Konflikten gezogen werden, sind unterschiedlicher Natur. Die einen sagen, man könne nicht mehr frei reden, die anderen ziehen sich noch weiter zurück als ohnehin schon, und wiederum andere fühlen sich angestachelt und bestätigt in ihrem lauten Getöse. Im schlimmsten Fall durchleben einige eine Radikalisierung, die gelegentlich Menschenleben gefährdet oder – im allerschlimmsten Fall – kostet.

Ja, es kostet im Extremfall tatsächlich Menschenleben, weil Verschwörungen hinter all dem täglichen Medientheater im Netz vermutet werden, die es dann auch mit Waffen und Munition zu bekämpfen gilt. Nicht selten werden Desinformationen, Hass, Wut, gegenseitige Vorwürfe und Beschimpfungen bei psychisch instabilen Personen getriggert.

Dieser Verschwörungswahn findet sein Ventil in Anschlägen, wie denen von 9/11 in den USA im Jahr 2001, auf der Insel Utøya in Norwegen 2011 durch den Rechtsterroristen Anders Breivik oder in Hanau 2020, um nur einige wenige zu nennen. Und solche dramatischen Ereignisse werden wiederum von der Berichterstattung aufgesogen und finden in den Sozialen Medien ihre vor allem subjektive Bewertung. Meist in polarisierender Art, was dann ebenfalls in die Berichterstattung einfließt und das Misstrauen in die Medien nur noch größer werden lässt. So entsteht ein Teufelskreis, und es gibt wenig Hoffnung, ihm zu entkommen, solange es keine ehrliche Selbstkritik gibt. Solange sich viel zu viele dem Rausch der Reichweiten, Klicks und Abos hingeben.

Doch so gering die Hoffnung auch erscheinen mag, sie existiert, und solange sie in der Welt und in unserer Gesellschaft existiert, solange lässt sich auch das Ruder noch herumreißen. Dafür braucht es aber Menschen, die aufklärend, kreativ und deeskalierend wirken. Diese Menschen gibt es, doch ausgerechnet sie leben eher zurückgenommen. In der Regel werden sie gar nicht erst wahrgenommen, allerhöchstens in ihrem vertrauten Umfeld – und selbst dort nicht immer.

Dominiert werden die medialen Diskussionen von jenen in den analogen und digitalen Medien, die sich bei jeder Gelegenheit, die sich ihnen bietet, lautstark zu Wort melden. Inhaltlich bleibt es meist halbgar. Lösungsorientierte und sachliche Beiträge kann Mensch hier oft lange suchen. Wer regelmäßig nicht zu sehen und zu hören bzw. zu lesen ist, sind jene, die sich entweder schon lange aus dem medialen Diskursraum zurückgezogen haben oder sich schlichtweg nicht trauen, sich zu äußern. Und natürlich jene, die unbeachtet bleiben, weil kaum noch jemand die Geduld aufbringt, ihrer sachlichen Differenzierung zu folgen.

Der Physiker Werner Heisenberg sagte einmal: »Auch das lauteste Getöse großer Ideale darf uns nicht verwirren und nicht hindern, den einen leisen Ton zu hören, auf den alles ankommt.«

Heisenberg lebte von 1901 bis 1979, und offenbar sah auch er schon – ohne die Errungenschaften und Plagen der Digitalisierung in Form von digitalen Medien – das Problem, dass sich immer der gleiche Menschenschlag lautstark zu Wort meldet. Es bedarf offenbar einer regelmäßigen Erinnerung an seine weisen Worte.

Das Problem ist allerdings: Seit geraumer Zeit vernehmen wir nur noch lautes Getöse. Leise Töne scheinen keine Chance zu haben, weil zu viele Menschen schlichtweg nicht gewillt sind, leise Töne zu vernehmen. Weil zu viele weder in der Lage noch willens sind, mal einen Moment Ruhe zu geben, statt sich immerzu mit der eigenen Meinung in den Vordergrund zu drängen – und danach Ausschau zu halten, wer vielleicht auch noch etwas Wichtiges, etwas mit Substanz zu sagen hat. Denn gerade die leisen Töne brauchen einen Raum des Innehaltens und Zuhörens. Wer getrieben ist von einem unreflektierten Sturm der Komplexe und fehlender Impulskontrolle, ist außerstande, sein leises Gegenüber zu vernehmen oder ihm auch nur einen Raum des Innehaltens zu gewähren und ihm zuzuhören.

Jeder fünfte Mensch in Deutschland bezeichnet sich selbst als schüchtern. Schüchterne Menschen gelten als eher zurückhaltend und vorsichtig, zaghafter im Umgang mit dem Gegenüber. Sich dann noch eine Bühne suchen oder gar eine solche Bühne fordern? Ganz zu schweigen davon, jemanden, der bereits auf einer Bühne steht, um Platz zu bitten oder gar wegzudrängen. Die Bühnen sind heute vielfältiger Natur. Sie finden sich nicht nur in den Sozialen Medien, sondern auch bei Arbeitsmeetings, auf Elternsprechtagen, Sporttreffen oder in Beziehungen jeglicher Art.

Anderen Raum geben, nach anderen Ausschau halten. Das war und ist heute mehr denn je bitter nötig, wenn wir nicht große Teile unserer Gesellschaft immer weiter an den Rand drängen wollen. Zumal die Gefahr besteht, dass ein Teil derjenigen, die sich abgedrängt und abgehängt fühlen, irgendwann auf gefährliche Sprecher*innen oder Vertreter*innen hereinfallen können, die es am Ende noch viel schlimmer machen. Für uns alle und vor allem für jene, die menschenfeindliche und undemokratische Positionen nicht teilen.

Der Motor von Gleichgültigkeit und Ignoranz – denn nichts anderes ist die aktive Vermeidung jedes Versuchs, »den einen leisen Ton zu hören, auf den alles ankommt« – sind unreflektierte Komplexe, die eine Ich-Bezogenheit im Fokus haben und von Kränkungen getrieben werden.

Dabei haben wir alle Komplexe. Komplexe kennen keine ethnische Herkunft, keine Religion, kein Geschlecht oder Alter. Wir alle haben Themen, die uns verunsichern oder (wie es neuerdings auch heißt) triggern und gelegentlich auch retraumatisieren, die tief ins uns arbeiten. Die entscheidende Frage ist, wie gehen wir damit um? Jammern wir, getrieben von der Kränkung und Wut, laut herum, oder packen wir das Leben am Schopfe und machen die Welt für uns und andere zu einem besseren und sicheren Ort, wo wir aufeinander achtgeben und trotzdem vernunftbegabt streiten können? Das setzt eine gewisse Portion von Selbstwirksamkeit voraus und Wohlwollen für unser Gegenüber. Solange der Blick nur auf den eigenen Nabel gerichtet ist, funktioniert das aber nicht.

Es hilft auch nicht, sich jammernd zu empören oder die Schuld immerzu bestimmten Gruppen in die Schuhe zu schieben. Geschweige denn, jede Woche eine andere Sau durchs Dorf zu jagen. Empörung mag ein Ventil sein, aber nur eines mit Kurzzeitwirkung. Und diese Wirkung kann durch die Digitalität so verstärkt werden, dass sie Desinformation zur Folge hat und großen Schaden bis hin zur Vernichtung von Existenzen anrichtet. Dabei bleiben die beklagten Probleme in der Regel bestehen oder vergrößern sich gar.

Auch wenn wir uns als Demokrat*innen einig darüber sind, dass wir für eine gleichberechtigte und diverse Gesellschaft kämpfen müssen, so setzen wir regelmäßig über Jahrhunderte erworbene Erfolge und Entwicklungen wie Meinungsfreiheit oder territoriale Sicherheit aufs Spiel. Wir tun das, indem wir ständig auf die Befindlichkeiten der Lauten Rücksicht nehmen und uns als Gesamtgesellschaft von ihnen beeinflussen und verunsichern lassen. Und indem wir es zulassen, dass unsere Gesellschaft durch ihre ständige Polarisierung gespalten wird.

Denn tatsächlich gibt es auf der anderen Seite viele Menschen in unserer Gesellschaft, die mit schmerzhaften Erfahrungen wie Rassismus, Missbrauch, Gewalt, Verlust, Krankheit, Sexismus etc. konfrontiert sind und trotzdem auf überzogene Empörung verzichten. Stattdessen finden sie einen konstruktiven Umgang mit ihrer Wut, Kränkung und Unsicherheit. Sie helfen, erfinden Dinge oder Strategien. Sie forschen und heilen zum Wohle der Gemeinschaft. Sie versuchen mit ihren Möglichkeiten nichts weniger, als ein guter Mensch zu sein und dabei die Welt in ein Gleichgewicht zu bringen, sodass am Ende einer vielfältigen Mehrheit gedient ist und auch ihre eigenen Bedürfnisse befriedigt werden.

Diese Menschen verlassen sich nicht auf Selbstlosigkeit, sondern auf eine gesunde Ausgeglichenheit. Gemeint sind all die vernunftbegabten stillen Menschen um uns herum, die regelmäßig übergangen, hintergangen oder schlichtweg unsichtbar gemacht werden. Frauen wie Männer, Hetero- wie Homosexuelle oder Queere, Behinderte wie nicht Nicht-Behinderte, Alte wie Junge, Religiöse wie Atheisten und Agnostiker. Mit oder ohne Migrations- oder Ostgeschichte. Sie werden regelmäßig übersehen, weil sie nicht bereit sind, zu polarisieren oder auch nur empört ihre Stimme zu erheben und sich zu inszenieren.

Kurz gesagt: Die größte diverse Minderheit sind die vernünftigen Stillen.

Es ist an der Zeit, sie in unserer Gesellschaft mitzudenken und zu berücksichtigen. Dieses Buch ist eine Einladung an alle ignoranten Dauerempörten, die, getrieben von ihren Komplexen, ihren eigenen Blickpunkt als Nabel der Welt verstehen und nicht einsehen wollen, dass sie vernunftbegabte Stimmen mit ihrem Egoismus mundtot machen und damit unsere Demokratie und Zusammenleben gefährden. Gleichzeitig soll dieses Buch all den vernünftigen Stillen da draußen als Ermunterung dienen, ihre Stimmen zu erheben und sich nicht mundtot machen zu lassen.

Es braucht dringend ein neues Gleichgewicht der Stimmen, wenn wir unsere Gesellschaft nicht an den Abgrund führen wollen.

Teil I

Von Scheinriesen und anderen Empfindlichkeiten

1

Neue Perspektiven? Oder alles beim Alten?

2006 erschien die erste Ausgabe von *Gazelle* in Deutschland, dem ersten und einzigen multikulturellen Frauenmagazin bundesweit. Vorausgegangen waren langjährige Beobachtungen und Eindrücke von Medienerzeugnissen sowie Gespräche, bevor das Abenteuer begann: »Wie verlegt Frau eigentlich ein Printmagazin?« Fünf Jahre später, im Jahr 2011, war mit dem Printmagazin Schluss, aber inzwischen hatten die Verlagshäuser endlich verstanden, dass in einer vielfältigen Gesellschaft auch sie als Medien Vielfalt abbilden müssen.

Ähnliches galt für viele Unternehmen, die Konsumgüter herstellen und deren Anzeigenabteilungen in der Zeit von *Gazelle* noch damit argumentierten, die vielfältigen Kundinnen würden in den Mainstreammedien doch »mit abgeholt«. Das stimmte natürlich nur bedingt, denn manche Produkte wurden erst gar nicht angeboten. Ein bekanntes Beispiel sind Make-up-Foundations für dunkelhäutige Frauen. Kosmetikunternehmen boten sie schlichtweg nicht an und konnten sie dementsprechend auch nicht bewerben. Die Produkte tauchten auf dem deutschen Markt einfach gar nicht auf. So launchten wir *Gazellen-Shoppen* und boten unter dem Slogan »Lebe deine Schönheit« u. a. Foundation für dunkelhäutige Frauen an. Die TV-Moderatorin Hadnet Tesfai, die einst als Kind mit ihren Eltern aus dem Nordosten Äthiopiens – heute Eritrea – eingewandert war, hatte in einem *Gazelle*-Interview unter anderem erzählt, dass sie ihre Kosmetik stets in Großbritannien kaufte und im Kühlschrank lagerte. Einige Ausgaben und Jahre später veränderte sich dann endlich etwas im Medienbetrieb. So manche Gazelle arbeitet heute in den Verlagshäusern. Die Neuen deutschen Medienmacher, deren Mitbegründerin und eine der Hauptinitiator*innen ich war, leisteten durch Mentor*innenprojekte sowie Journalismusausbildung einen wichtigen Beitrag zur medialen Vielfalt in den Redaktionen. Rückblickend freue ich mich, dass so viele Menschen mit Einwanderungsgeschichte durch beide Initiativen ihren Platz gefunden haben. Ich freue mich darüber, dass die Mitbegründer*innen und Mitarbeiter*innen anderen jungen Menschen und auch älteren Quereinsteiger*innen die Türen öffneten und sie auf ihrem Weg unterstützten. Ohne die Offenheit der Medienhäuser, die Praktika möglich machten und in denen sich auch die Mentor*innen für die Mentees fanden, wäre es kein Erfolg geworden. Von *Axel Springer* und *Süddeutsche Zeitung* über *RTL* bis hin zur *taz* waren fast alle Medienhäuser dabei. Der Wille war da, etwas zu verändern, und es ist gelungen, vielen Menschen berufliche Perspektiven zu eröffnen. Wir alle sind Teil der deutschen Gesellschaft, und wir alle bilden jeweils einen Teil einer Bevölkerungsgruppe ab. Es ist daher nur logisch, dass wir medial auch immer stellvertretend für eine Bevölkerungsgruppe stehen. Das beschränkt sich hierbei nicht auf die ethnische Herkunft. Denn unsere unterschiedlichen Sichtweisen, Abstammungen und Erfahrungen ermöglichen es uns erst, einander besser kennenzulernen, zu verstehen und im Idealfall über unsere Herkunft hinweg auch weiterzuentwickeln und ein friedliches Zusammenleben zu gestalten.

Dazu ist es aber unerlässlich, dass wir dies aufrichtig wollen. Gerade Letzteres scheint in den letzten Jahren nicht so richtig zu gelingen. Auch muss ich sagen, dass die Vielstimmigkeit, auf die ich damals mit meinem *Gazelle*-Team und mit dem Gründungsteam von NDM gehofft hatte, aktuell meines Erachtens zu wünschen übriglässt. Oftmals erlebe ich eher eine Einseitigkeit, die zwar aus vielen diversen Federn und Mündern stammt, aber alles andere als vielschichtig ist. Denn eine vielfältige Gesellschaft hat viele Facetten, und nicht jeder passt in die vermutete Schublade. Einwanderungsnachkommen beispielsweise denken durchaus unterschiedlich über Religion, Außen- und Innenpolitik, Wirtschaft, Bildung, Migration oder Integration. Der Umkehrschluss, dass sie aufgrund ihres ausländischen und vermeintlich exotischen Hintergrunds alle musikalisch oder lustig, kreativ oder integrationsunwillig, fanatisch oder gefährlich sind, wird in der großen Breite natürlich nicht durch die Realität bestätigt. Im Idealfall bringen sie aufgrund ihres Hintergrunds und ihrer Erfahrungen Sichtweisen und Ideen mit, die innovativ, neu, anders, frisch sind. Ein Automatismus ist das aber selbstverständlich nicht. Und im Übrigen ist selbstverständlich auch nicht jeder Mensch *ohne* Einwanderungsgeschichte ein stumpfer, nicht empathischer weißer privilegierter Mensch, der nichts anderes kann, als strukturell – sei es bewusst oder unbewusst – zu diskriminieren.

Sehr früh hatte ich in Gesprächen und Interviews darauf hingewiesen, dass ein Migrationshintergrund nicht automatisch die spannenderen Geschichten oder Ideen liefert. Ich kann mich daran erinnern, dass manche Kollegin Artikelvorschläge unterbreitete, bei denen ich nur dachte: *Schon zigmal in anderen Medien gelesen. Klischeehaft und altbacken. Das könnte aus jeder x-beliebigen Zeitung bzw. Zeitschrift stammen, von einem sogenannten »alten weißen Mann«, dessen Vorstellungswelt mit großer Wahrscheinlichkeit aufgrund seiner Lebensrealität nicht mehr Erfahrungen und Vorstellungskraft zu bieten hat. Geschweige denn Neugier.* So ist das mit dem Realitätscheck. Es kann Aufregendes geboten werden, es muss aber nicht. Es bleibt eine Entdeckungstour, bei der wir stets offen sein sollten für Unerwartetes.

Und so blicke ich auf manche Medienerzeugnisse, Artikel und Formate heute, fast zwanzig Jahre später, mit einer gewissen Ernüchterung. Nicht jede*r kann und will die Möglichkeiten nutzen, die in einer pluralen Gesellschaft geboten werden, wo es zum Beispiel Meinungsfreiheit und diverse Medientechnologien gibt. Andere wiederum werden ausgebremst von (Chef)Redakteur*innen oder Vorgesetzten, die allerdings mittlerweile auch Einwanderungsgeschichte haben und genauso sperrig sind wie jene, die sie selbst gerne kritisieren.

Kurz: Alles kann, nichts muss gut gelingen. Es ist kein Selbstläufer, dass durch ein vielfältiges Team die Zusammenarbeit und die Ergebnisse automatisch besser werden. Aber jede Person, egal mit welchem Hintergrund und vor allem, egal ob extrovertiert oder introvertiert, sollte die Chance bekommen, sich auszudrücken und spannende und neugierige Ideen einzubringen. Allein das macht es erst möglich, Potenziale zu entdecken und Innovationen in Gang zu setzen. Ein wenig Konkurrenz um die besten Ideen kann hierbei nicht schaden.

Medial gibt es heute vielerlei Anlass zur Ernüchterung. Ich empfinde die Möglichkeiten und die Experimentierfreude als sehr begrenzt. Oftmals erstreckt sich die Experimentierfreude darauf, jenen Stimmen Raum zu geben, die mit genügend Penetranz und Lautstärke »Hier bin ich und hier ist meine unoriginelle Meinung!« schreien.

Eine Diskussionskultur, die sich darin erschöpft, mutiert zur Unkultur. Und genau an diesem Punkt stehen wir heute. Tatsächlich vernehmen wir nicht mehr viele unterschiedliche Meinungen und Stimmen. Vor allem im rechtsextremen Spektrum wird diese »Einstimmigkeit« oft angeprangert. Dabei agieren die, die diese Kritik formulieren, nur als Gegenstück zu den kritisierten lauten Stimmen (die glauben, ihre Lautstärke wäre gerechtfertigt, weil sie sich ja zu »den Guten« zählen). Dass sie mit ihrem Argument »Nicht den Falschen in die Hände spielen« sich selbst ausblenden, ist durchaus ein Problem. Denn die gesellschaftlichen Konflikte nehmen zu, sie werden immer unversöhnlicher. Mit Vermeidungsstrategien und inhaltlicher Konfliktscheu kommen wir nicht weiter. Ganz im Gegenteil, genau dies erleben viele Menschen als ausgesprochen bedrohlich.

2

Trifft ein Lauter einen Stillen in der Bar …

Wenn Mensch sich an zurückliegende Gesprächsrunden erinnert, an Debatten im TV oder den Schlagabtausch auf Social Media, geht man oft davon aus, dass sich nur die Extrovertierten dort tummeln. Das stimmt allerdings so, in der Einfachheit, nicht. Denn gerade in der Anonymität von Social Media lässt sich aus dem stillen Kämmerlein heraus auch als introvertierter Mensch schreibend kommentieren, diskutieren und auch herumpöbeln. Ein anderes Beispiel für das zwangsläufige Auftreten von Introvertierten in der Öffentlichkeit sind Teilnehmende an TV-Diskussionsrunden oder Schauspieler*innen, die für einen neuen Film die großen Promotion-Runden drehen und jedem Reporter Rede und Antwort stehen oder sich auf dem roten Teppich ablichten lassen müssen, obwohl sie vielleicht eher schüchterne Persönlichkeiten sind. Besonders stark fällt diese Diskrepanz auf, wenn es sich um Personen handelt, denen beim Familienessen sonst jedes Wort aus der Nase gezogen werden muss. Oder wenn man diese Menschen, die zu den Personen des öffentlichen Lebens gehören, im Backstagebereich als eher zurückhaltend erlebt. Dort erinnern sie nicht selten an schüchterne Verwandte oder andere introvertierte Menschen aus dem privaten Umfeld. Schüchternheit, die extrovertiert auftritt, gestaltet sich wiederum anders als das, was wir in unserem Alltag als schüchtern kennen.

Es war einmal: Genie und Blödsinn

Der Psychiater Carl Gustav Jung spricht von einem Introversions- und einem Extraversionstyp. Er betont, dass alle Menschen Introversion und Extraversion in sich tragen. Die Gewichtung dieser beiden Pole ist aber individuell unterschiedlich ausgeprägt. Ob die extrovertierte oder introvertierte Seite zum Tragen kommt, hängt von der Umwelt ab, z. B. von der Erziehung und den Erfahrungen, die in der Kindheit und Jugend gemacht wurden.

Oft wird in Bezug auf Introvertierte davon ausgegangen, dass sie zurückgezogen leben und scheu und einsam sind. Dabei gibt es durchaus introvertierte Menschen, die einen großen Freundeskreis pflegen und sehr gesellig sind. Das liegt auch daran, dass im Zuge der Vereinfachung von Erklärungen und Begriffen aus Introversion (die bei Jung vor allem eine Hochsensibilität beschreibt) die Introvertiertheit wurde.

Bei den Fachbegriffen Introversion und Extraversion geht es aber um weit mehr als um soziale Verhaltensweisen. Laut der US-amerikanischen Juristin und Autorin Susan Cain erleben Introvertierte allgemein eine stärkere und schnellere Stimulation als Extrovertierte. Das führt dazu, dass sie bei neuen Reizen schnell überstimuliert sind. Daher können sich Extrovertierte beispielsweise auch länger größeren Menschenansammlungen oder Partys aussetzen, während Introvertierte sich wegen der Überstimulation zeitig in ihre eigenen vier Wände zurückziehen müssen.

Extrovertierte beziehen laut Jung Energie aus dem Außen: von anderen Menschen und aus ihrem Umfeld. Introvertierte dagegen beziehen die Kraft aus ihrem Inneren und richten auch ihren Fokus nach innen.

Dies wirkt auf viele schüchtern, und Schüchternheit findet sich in unserer Gesellschaft unterschiedlichen Umfragen zufolge bei jeder fünften Person. Hat Mensch aber gleich eine Sozialphobie, wenn er sich lieber im Hintergrund als im Vordergrund bewegt? Es lässt sich wohl sagen, dass eher zurückgenommene Persönlichkeiten in ihrem Umgang mit jenen, die sich als wichtig und unentbehrlich inszenieren, ein Gefühl von Sozialphobie entwickeln können. Der Kraftaufwand, wenn man sich solchen Menschen gegenüber verteidigen muss oder sie kritisieren soll, kann sehr ermüdend sein. Darüber hinaus kann es passieren, dass die Art, in der zurückgenommene Menschen sich in die Dinge vertiefen und sich gleichzeitig zurückziehen, ihnen als Überempfindlichkeit oder Pedanterie ausgelegt wird. Und letzten Endes will Mensch sich auch nicht mit jedem anlegen, der eine mühsam entwickelte Idee, die Introvertierter gerade noch im Vertrauen jemandem zaghaft formuliert hat, im nächsten Moment dieser in einer Runde als seine eigene ausgibt – ohne dabei rot zu werden.

Derlei ist mir schon unzählige Male passiert. Ich werde nie vergessen, wie ich bei einer meiner ersten Dreharbeiten mit einem Regisseur zu tun hatte, der meine Ideen und Vorschläge entweder einfach stumpf ignorierte (was sich inhaltlich später als keine gute Idee von ihm herausstellte) oder meine Vorschläge in meiner Anwesenheit hemmungslos als die seinen verkaufte. Innerlich kam ich aus dem Stauen gar nicht heraus. Daheim beim Bügeln, vor Freunden und im Beisein meines Partners regte ich mich natürlich über dieses Verhalten auf. In der Situation selbst war ich dazu nicht in der Lage.

Auch von Gesprächspartnern bei Podiumsdiskussionen, Sitzungen, Konferenzen oder vor der Linse wurden von mir formulierte Gedanken und Eindrücke im nächsten Moment als die eigenen ausgegeben. Wenn das jemand von den Verantwortlichen mitbekam, wurde es gelegentlich beim Schnitt berücksichtigt, oder in Gesprächsrunden wurde mir Gelegenheit gegeben, je nach Kontext und Situation das Thema nochmals aufzugreifen. Einmal war sogar jemand so dreist, in der laufenden Sendung einfach stumpf meine Analyse ein paar Minuten später zu wiederholen, ohne auf mich zu verweisen. Ich ließ es mir natürlich nicht entgehen, freundlich, aber bestimmt darauf hinzuweisen, dass ich das eben ja bereits gesagt hatte. So viel Zeit muss dann schon sein, und Frau lernt dazu.

Aber so etwas gelingt nicht immer, und es braucht dazu auch eine gewisse Lebenserfahrung, die mir als junge Frau oft noch fehlte. Da war ich meist viele Stunden, manchmal auch Tage, mit entgeistertem Staunen beschäftigt. Oft habe ich dieses Verhalten bei (jungen und älteren) Männern erlebt. Aber auch bei Frauen kam es vor, und man kann auch nicht sagen, dass es sich immer um extrovertierte Persönlichkeiten gehandelt hätte.

Ich selbst bin eher introvertiert, kann aber, wenn es erforderlich ist, auch meine extrovertierten Anteile zum Einsatz bringen. Allerdings kostet mich das Energie. Wo es nicht sein muss, wird Mensch von mir auch nichts hören. So geht es vielen, die größere Introversionsanteile haben. Nicht selten kommt Mensch sich aber durchaus blöd und sonderbar dabei vor.

Heute wissen wir, dass Introvertierte große Leistungen vollbringen können. Der introvertierte Albert Einstein hat die Relativitätstheorie hervorgebracht. Der introvertierte Freddy Mercury schrieb und sang die legendären Hits seiner Band Queen und riss die Fans auf den Konzertbühnen mit sich. Und der introvertierte Fréderic Chopin komponierte unvergessliche Werke, die weltweit geliebt, gehört und gespielt werden. Introvertierte können einflussreiche Staaten regieren, zum Beispiel Angela Merkel oder Barack Obama. Vor diesem Hintergrund lohnt es sich, eine kleine Zeitreise in das Jahr 1907 zu machen und einen Blick in das *Wörterbuch der Philosophischen Grundbegriffe* zu werfen. Dort wird »Blödheit« wie folgt beschrieben: »… ist die aus Urteilsschwäche und Mangel an Selbstvertrauen entsprungene Schüchternheit gegen andere.«[1] Dabei waren beispielsweise Chopins Kompositionen schon viele Jahre vor Erscheinen des Wörterbuchs bekannt. Mensch kann nur mutmaßen, dass Chopins Fähigkeiten eher der Kategorie »Genie« zugeordnet wurden. Denn laut Wörterbuch ist das Gegenteil der »Blödheit« das »Genie«. Dazu heißt es: ›… bedeutet eine gewöhnliche Begabung, welche nicht nur Originelles, sondern Musterhaftes hervorbringt. Denn Originalität ohne Musterhaftigkeit kann auch Narrheit sein! … Fehlt es ihm an Schulung, so verwildert es und zerfällt mit dem Leben und sich selbst (Günther Lenz).«[2]

Nun gut: Um Blödheit handelt es sich bei der Schüchternheit nicht. Wohl eher um einen Aspekt der Unsicherheit, seine eigenen Fähigkeiten wahrzunehmen, einzuschätzen und im richtigen Moment auch durchaus mit erhobenem Haupt zu präsentieren. Denn gerade die Fähigkeit, mit sich und seinen Gedanken allein sein zu können, Dinge geduldig auszuprobieren, herumzutüfteln, zu analysieren und sich mit Sorgfalt und Konzentration einer Sache hinzugeben, ist eine Leistung und Fähigkeit, die den Extrovertierten oft fehlt. Sie beziehen aus der Gelegenheit, mit Dingen und Gedanken allein zu sein, aufgrund ihres ausgeprägteren Extroversionanteils keine Energie. Sie brauchen Action. Und so springen sie nicht selten hyperaktiv über jeden Stock, den man ihnen hinhält, und suggerieren Aktivität, wo keine ist.

Diese scheinbare Aktivität kann in dem Bereich, wo es um Kommunikation geht, auch in einer Empörungskultur enden. Womit wir bei dem Schlamassel angekommen wären, den wir heute gefühlt stündlich als digitale Wesen im World Wide Web erleben.

Ganze Digitalunternehmen, die sich auf Social-Media-

Plattformen spezialisiert haben, leben von einer Interaktion, die in Wirklichkeit keinen Austausch zum Erkenntnisgewinn zum Ziel hat, sondern reine Aktivität, manchmal Hyperaktivität. Im Sekundentakt posaunt in jeder digitalen Ecke jemand etwas heraus, seien es Personen aus dem Aktivismus, der Politik oder dem Medienbetrieb. Der Zweck: maximale Aufmerksamkeit. Bilder, Kommentare, Verlautbarungen in Form von Postings, die einzig und allein dazu dienen, wahrgenommen zu werden. Egal, ob im negativen oder positiven Sinne. Gemäß dem weit verbreiteten Motto, wonach auch schlechte PR gute PR sei. PR-Berater*innen wissen natürlich, dass das Mumpitz ist, aber das ist heute, wo es schon antiquiert und spießig wirkt, wenn man über Dinge erst einmal etwas vertiefender nachdenkt, egal. Für Unternehmen dieser Art sind aber gerade all jene von großem Nutzen, denen diese Tugend als nicht zeitgemäß gilt.

Das ist das Schöne an der Freiheit: Jeder Mensch in einem freien Land kann tun, wonach ihm*ihr der Sinn steht. Nur hat manches Verhalten in einer freien Gesellschaft trotzdem auch negative Auswirkungen auf eine Gemeinschaft, auf eine Minderheit oder auch auf die Freiheit selbst. Und diese Einschränkung betrifft dann wiederum die Mehrheit. Wenn Freiheit so sehr in den Dienst der eigenen Bedürfnisse und Nützlichkeiten genommen wird, dass andere sich davon bedroht fühlen – ob berechtigt oder nicht, sei einmal dahingestellt –, kann das dazu führen, dass die Freiheit an sich oder für bestimmte Menschen abgeschafft oder eingeschränkt wird.

In diesem Sinne werden die freie Entfaltung und die freie

Meinungsäußerung durch egoistisches Polarisieren massiv gefährdet und bedroht. Freiheiten verpuffen nicht von heute auf morgen, sondern werden schleichend abgeschafft. Von uns allen. Von jenen, die sie bewusst oder unbewusst aktiv abschaffen, und jenen, die – sei es besorgt oder desinteressiert – still dabei zusehen. So müssen wir alle, egal ob extrovertiert oder introvertiert, uns fragen, welchen Anteil wir daran haben, dass unsere Gesellschaft so gereizt, feindselig und in Teilen immer bedrohlicher wird und selbst Humor in Teilen der Bevölkerung nicht mehr verstanden wird bzw. ebenfalls als Angriff bewertet wird.

Der berühmte Psychoanalytiker, Sozialpsychiater und Philosoph Erich Fromm hat dazu interessante Aussagen gemacht. Er weist darauf hin, dass Aktivität als reine Reaktion auf einen Reiz meist eine Form von Getriebenheit darstellt. Es handle sich im Grunde um eine Passivität, die zumindest von außen betrachtet zu einer Aktivität führt. Diese geht meist von einer Langeweile aus und ist destruktiv.

Diese Destruktivität können wir heute regelmäßig medial beobachten. Als Akteur*innen in der Medienbranche, als Rezipienten oder als Konsumenten der Sozialen Medien. Selbst wenn wir nicht Teil davon sind, so erreicht sie uns über Dritte. Die Inhalte und die Art der Diskussionen erreichen uns am Arbeitsplatz, in der Schule, am Ausbildungsplatz, an der Uni oder im Familien- und Freundeskreis.

Extrovertierte gehen in diesen Interaktionen auf, und seien sie auch nur einseitig. Ihre Aktivität dient der Energieauftankung, sie belebt sie, und es ist ihnen oft egal, welchen Preis andere womöglich dafür zahlen. Introvertierte ziehen sich zurück, wollen daran nicht teilnehmen oder müssen über die Dinge allein oder im kleinen Kreis nachdenken. Gerade aus der Introspektive ziehen sie ihre Kraft. Nicht selten fehlen dann gerade ihre Beiträge und Gedanken in Diskussionen oder bei einer Problemlösung. Was im Zusammenspiel der Gemeinschaft auch fehlt, ist ihre beruhigende und Hoffnung spendende Art, ihre besondere Form von Energie. Und so bleiben die undifferenzierten Lauten unter sich und ermöglichen mit ihrer Art der Kommunikation die Empörungskultur, die Unverständnis, Wut und in Teilen auch Spaltung erzeugt.

Ohne Zweifel sind gerade die Social-Media-Kanäle mit ihren belohnenden und sabotierenden Algorithmen ein Teil des Problems. Die fehlende Impulskontrolle all jener, die durch einen ausgeprägten extrovertierten Anteil in Kombination mit Verantwortungslosigkeit geprägt sind, ist aber das Hauptproblem.

Jetzt könnte man sagen, dass sich die Lauten, jetzt wo sie das wissen, einfach mal mehr zusammenreißen sollen. Das kann auch sicher nicht schaden. Doch das Problem liegt tiefer. In unserer modernen Welt, in der wir nicht mehr das durchgetaktete und vorherbestimmte Leben eines erheblichen Teils der sogenannten Boomer führen, fehlt es zunehmend an Struktur und Sinn. Geboren werden, lernen, Ausbildung, arbeiten, heiraten, Kinder bekommen. Arbeiten, um den Kindern eine bessere oder jedenfalls gute Versorgung und Zukunft zu ermöglichen, Heim und Kost bezahlen, je nach Geschlecht patriarchal beeinflusste Rollen erfüllen: Das alles war nie für alle Boomer erfüllend oder auch nur bestimmend, aber es gab Struktur im Leben und half vielen, einen Sinn daraus abzuleiten. Heute gerät der Sinn des eigenen Lebens bei vielen ins Wanken oder existiert schlichtweg nicht. Hinzu kommen Zeit und Langeweile, die viele Jüngere auf unterschiedliche Weise totzuschlagen versuchen.

Der Wohlstand in unserem Land hat ein derartiges Niveau erreicht, dass selbst Menschen, die für ihren Lebensunterhalt auf staatliche Hilfen angewiesen sind, Zeit haben, über sich und das Leben zu philosophieren. Das sah vor dem Zweiten Weltkrieg und auch teilweise nach dem Krieg noch etwas anders aus, als der Mensch noch um das nackte Überleben kämpfen musste. Mensch hat funktioniert, nicht geklagt und meist still in sich hineingelitten, wenn Mensch sich wie in ein Korsett gezwängt fühlte. Und so ist es auch heute an vielen Orten der Erde noch immer der Fall.

Wohlstand ist also in First-World-Problem-Manier gesprochen Fluch und Segen zugleich. Denn wer keinen Sinn in seinem Leben hat oder findet, landet nicht selten bei einer Katastrophe, wie es in Marokko heißt. Dort gibt es eine Redewendung, die übersetzt heißt: »Nichts zu tun haben führt in die Katastrophe.« Und in Deutschland heißt es: Müßiggang ist aller Laster Anfang. Und so sind wir uns auf den Kontinenten verteilt am Ende immer ähnlicher, als mancher gerne uns Menschen weismachen möchte.

So kann also Aktivismus heute einen Lebenssinn stiften. Doch wenn Mensch die Verhältnismäßigkeit aus dem Auge verliert, kann so etwas böse enden. Denn Aktivismus ist an sich weder gut noch schlecht. Erst die Ziele und die Methoden zur Erlangung der Ziele definieren, binär gesprochen, ob

Aktivismus gut oder schlecht ist. Sich dafür einsetzen, dass Obdachlose im Winter nicht erfrieren, ist nicht vergleichbar mit dem Aktivismus, ACAB[3] an Wände zu sprühen. Und zwar sowohl für einen selbst als auch für andere. Je nach Generation nicht immer alles nachvollziehbar.

Und so besteht zwischen den Jungen und den Alten die Kluft nicht selten aus der Lebenserfahrung. Ältere Generationen – gut zu beobachten in der ersten Gastarbeitergeneration und in der europäischen Boomergeneration – haben die eigenen Befindlichkeiten und Probleme früher heruntergespielt. Nicht selten wird von einer guten alten Zeit geschwärmt, manche blicken verklärt auf die Vergangenheit. Doch auch vor vierzig, fünfzig Jahren waren Rassismus, Sexismus und (Macht)Missbrauch echte Probleme. Einige wiederum meinen heute, das habe man früher ja alles auch nicht so ernst genommen, und man habe es schließlich überlebt. Für manche war es aber auch damals schon schlimm. Sie hatten nur einfach nicht den Raum, den es heute gibt, und haben still und z. T. unerkannt vor sich hin gelitten. Wurden alkoholkrank, haben ihre Kinder und Partner misshandelt, haben Selbstmord begangen oder sind vereinsamt.

Heute kommt aber hinzu, dass die Aufmerksamkeitsökonomie jede Form von Dramatik, Unverhältnismäßigkeit und Skandalisierung belohnt, sodass nicht etwa die Opfer und die Problemlösung im Fokus stehen, sondern die reine Empörungskultur samt entsprechender Inszenierung. Und die vergiftet wiederum die hart erkämpften Diskursräume rund um all diese Missstände.

Deshalb bleiben viele Opfer trotz dieser Möglichkeiten stumm und nutzen diese Medien nicht, um ihre Erfahrungen zu teilen bzw. öffentlich zu machen. Es droht eine Rolle rückwärts, ein Backlash. In Teilen der Gesellschaft sind diese Gefahren schon längst angekommen, beispielsweise in rechtsextremen Kreisen oder bei Islamisten. Auch diese negative Form der Politisierung ist – für diese Menschen – sinnstiftend. Ein Aktivismus, der die persönliche innere Leere füllt und ihnen Orientierung schenkt.

Kurz gesagt: Es braucht ein Gleichgewicht zwischen den nüchternen Bewältigungsstrategien von einst und dem Problembewusstsein von heute. Doch die Dauerempörung kann und darf nie zum Sinn des persönlichen Lebens werden. Wer sich darauf einlässt, spielt mit dem Leben anderer, ohne das eigene Problem zu lösen. Gerade jene, die ihre Energie aus dem Außen ziehen, müssen sich andere äußere Kanäle suchen, um ihre persönlichen Konflikte zu verarbeiten. Inspirationsquelle könnten gerade die Introvertierten sein. Und da wir alle die Anteile des jeweils anderen in uns tragen, dürfte es auch dabei helfen, sich in die anderen einzufühlen und uns gegenseitig bei dem Prozess, unsere ausgleichenden Stimmen zu finden, unterstützen.

3

Geschäftsmodell Polarisierung

»Es geht nur noch darum, viel Aufmerksamkeit zu erzielen. Es kommt nicht mehr auf die Seriosität an, sondern nur noch auf die Zahl der Follower. Gleichzeitig sind die dann alle in ihren Echoblasen, diskutieren nur noch mit Gleichgerichteten«[4], sagte der ehemalige Bundesinnenminister Wolfgang Schäuble 2022 in einer *Lanz*-Sendung im ZDF. Er führte das weiter aus und erklärte die Folgen, die sich seiner Ansicht aus dieser Dynamik ergeben: »Das macht die Sache gefährlich, denn damit nimmt der Populismus zu, und der nächste Schritt nach dem Populismus ist der Extremismus, und da haben wir im vergangenen Jahrhundert schon genügend Diktaturen erlebt. Und ich möchte nicht, dass wir in diesem Jahrhundert noch Schlimmeres in Europa erleben müssen.«

Rosige Aussichten sehen in der Tat anders aus. Denn weder das Internet noch die Sozialen Medien – die uns auch viele positive Möglichkeiten und Chancen bieten – werden verschwinden. Und die Technologie der Künstlichen Intelligenz, über deren weitere Auswirkungen wir aktuell nur spekulieren können, entwickelt sich sprunghaft. Wenn wir betrachten, wofür das Internet und die Sozialen Netzwerke verwendet werden, dann müssen wir feststellen, dass sich darunter viele destruktive und missbräuchliche Dinge befinden: Neben Hassrede gilt das auch für die Verbreitung von Gewalt- und Missbrauchsbildern bzw. -videos sowie für Waffen-, Drogen- und Menschenhandel (um nur einige Beispiele zu nennen). Dahinter verbergen sich milliardenschwere Geschäfte, was die Bekämpfung ungemein erschwert. Ein Kampf wie einst bei David gegen Goliath? Denkbar, doch dieser Fall zeigt ja auch, dass nichts unmöglich ist.

So müssen wir von Anfang an und bereits in jungen Jahren begreifen, wie die Computertechnologie mit all ihren Ablegern funktioniert. Einer der ersten Merksätze, den ich in der Schule über die Welt der Computer gelernt habe, lautete: Der Computer ist nur so schlau wie der, der vor ihm sitzt. Sinngemäß kann also auch gesagt werden: Das Internet mit seinen Sozialen Netzwerken ist so demokratiefördernd wie die Person, die es nutzt.

Das klingt simpel und einleuchtend. Also einfach direkt umsetzen und fertig, Welt gerettet! Doch die Erkenntnisse, die Schäuble mit uns vor laufender Kamera teilt, sind nicht neu und auch lange bekannt und erforscht. Warum hapert es an der Umsetzung? Wo ist das Problem, woran scheitern wird seit so langer Zeit?

Es ist ganz einfach: Wir haben die Rechnung ohne unser aller Dopamin gemacht. Es bedarf einer ordentlichen Portion Selbstdisziplin, wenn Internet und Social Media nicht zur Suchtzone werden sollen. Diejenigen unter uns, die den täglichen und gar stündlichen Kick brauchen, werden hier aufmerksam lesen und eine Kurskorrektur vornehmen müssen, wenn sie nicht zu den Demokratiezerstörer*innen gehören möchten. Denn Social Media sind mit dem portablen kleinen Bildschirm des Smartphones immer griffbereit. Wir tragen es ganz nah am Körper, und wenn wir es nicht am Körper tragen, dann liegt es nur eine Armlänge von uns entfernt oder lockt uns mit seinem Piep- oder Vibrationston in seine Nähe. Es fordert uns Internetjunkies regelrecht dazu auf, uns mit ihm zu beschäftigen. Und der Vergleich mit den klassischen Abhängigkeiten von Substanzen ist nicht nur sinnbildlich gemeint: Es handelt sich tatsächlich um eine Sucht. Zudem tritt die Social-Media-Sucht nicht nur bei lauten Selbstdarstellern auf, sondern lässt auch gerade stille Personen aufblühen und verführt zu einem geradezu rauschhaften Getwitter (oder muss man jetzt Ge-X sagen?) und Geposte.

Im Hintergrund dieser Sucht steht sehr oft die Angst, etwas zu verpassen. Klingt sehr banal. Ist aber tatsächlich so banal wie bedrohlich. Denn Angst hat viele Erscheinungsformen und liegt tief in unserer DNA vergraben.

All diese Apps, die wir entweder aus den USA oder China kennen, wie zum Beispiel X, Instagram, Facebook oder TIKTOK, sind so konzipiert, dass wir täglich auf den Dopaminkick aus sind. Hierbei wird ein Botenstoff in unserem Gehirn freigesetzt, der für Motivation und Lust zuständig ist. Und dieser Stoff kann süchtig machen. Die Social-Media-Unternehmen haben ihre Applikationen so konzipiert, dass wie beim Alkohol die Devise lautet: Entweder gar nicht konsumieren oder nur in Maßen und ausgewogen. Oder süchtig werden. Letzteres ist für den kommerziellen Erfolg (über) lebenswichtig. Denn wer nicht anders kann, als immerzu zu twittern und zu posten, verhilft dem Produkt und damit dem Unternehmen zu wirtschaftlichem Erfolg. Je mehr Aktivitäten und Follower die Apps generieren, desto mehr Investments sowie Kapital durch Werbetreibende erhalten die Unternehmen. So steigen die Aktienkurse dank unserem unkontrollierbaren Verhalten.

Doch neben dem Dopamin wird zu allem Überfluss auch noch ein eigentlich überlebensnotwendiger Mechanismus in Gang gesetzt, den Mensch nicht unbedingt im Kontext belangloser Selfies oder wenig geistreicher Tweets vermutet: die gute alte Angst. Wir kennen sie alle, wenn wir uns gründlich überlegen, ob wir vom Fünf-Meter-Brett springen sollen, wenn wir befürchten, auf offener Straße in eine Massenschlägerei hineingezogen zu werden oder wenn wir lieber nicht an der großen, schnaubenden Bulldogge vorbeigehen möchten. Die Evolution versteckt sich nun mal in jeder Faser, ohne dass wir immer wissen, wo die Angst unterbewusst herrührt.

Dass bei unseren Vorfahren, die sich lange als Jäger und Sammlerinnen durch die Welt bewegt haben, jede Information wichtig war, um mögliche Nahrungsquellen nicht zu verpassen und Gefahren rechtzeitig zu erkennen, ist nachvollziehbar. Was wir aber bei Social Media so Lebensnotwendiges verpassen, verstehen wir nur, wenn wir uns klarmachen, dass Gefühle oft unterbewusst funktionieren und nicht rational sind. Genau aus diesem Grund ist die Angst nur bedingt eine gute Ratgeberin. Gefühle können uns persönlich und privat in die Irre führen, aber auch großen gesellschaftlichen Schaden anrichten. Im politischen Kontext lässt sich das immer wieder beobachten. Kriegspropaganda beispielsweise spielt ganz bewusst mit Ängsten. Es ist daher notwendig, zu verstehen, warum wir so agieren, wie wir agieren, und dem auf den Grund zu gehen, gerade was das Thema Angst betrifft. Die Rolle der Angst ist zu relevant, als dass wir sie als übertriebenes Gefühl abtun sollten.

Um die Bedeutung der Angst besser zu verstehen, müssen wir uns ansehen, woher sie kommt und wozu sie dient. Das Angstgefühl hat seinen Sitz in der Amygdala, auch Mandelkern genannt, die zum mittigen Kerngebiet unseres Gehirns gehört. Sie ist Teil des limbischen Systems und evolutionär betrachtet ein sehr alter Teil des menschlichen Gehirns. Dem limbischen System werden Leistungen und Steuerungen wie Antrieb, Gedächtnis, Emotionen, die Regulation der Nahrungsaufnahme und Verdauung sowie die Fortpflanzung zugeschrieben. Es geht hier um die Grundlagen, ohne die wir als Menschen nicht überleben würden. Um existenzielle Grundbedürfnisse wie Essen, Schlafen, Atmen, Trinken und Ausscheiden, ohne die wir nicht überleben könnten. Die Angst, diese Bedürfnisse nicht befriedigen zu können, ist seit den Anfängen der Menschheit überlebensnotwendig.

Menschen, die in Gesellschaften leben, wo zumindest keine existenzielle Not herrscht, sind heutzutage nicht (mehr) gezwungen, für Nahrung und eine schützende Unterkunft zum Dieb zu werden. Trotzdem sind sie nach wie vor von der Angst getrieben, etwas im Leben zu verpassen oder bestimmte Dinge im Leben nicht zu erreichen. Das nennt sich abgekürzt FOMO (Fear Of Missing Out).

Und wo können Menschen, die in einer digitalisierten Welt aufgewachsen sind (neudeutsch: digital natives), etwas verpassen? Richtig! In der großen weiten Welt des Internets, wo im Labyrinth der Sozialen Medien die unendlichen Möglichkeiten lauern, die manche erleben und andere nicht. Manche Menschen fühlen sich in diesem Zusammenhang ausgeschlossen und plötzlich nicht mehr dazugehörig. Woher dieses Gefühl kommt, können viele von ihnen gar nicht klar beschreiben. Klar ist aber: Als soziale Wesen können wir auf die Dauer nicht allein sein, und wenn wir uns ausgeschlossen, nicht dazugehörig, also allein fühlen, dann empfinden wir das als existenzielle Bedrohung.

Diese Angst in Verbindung mit der Suche nach der Belohnung in Form von Dopamin führt dazu, dass unser Verhalten in eine Schieflage gerät. Um das zu verhindern, müssen wir im Zusammenhang mit den neuen digitalen Möglichkeiten lernen, uns zu limitieren. Denn die Digitalunternehmen werden das für uns nicht tun, im Gegenteil! Tatsächlich gibt es inzwischen Apps, die angeblich beim digitalen Detox helfen sollen. Am Ende bleiben wir aber auch dabei von der Digitalisierung und dem Smartphone abhängig.

Wenn wir begriffen haben, welche Mechanismen unser Verhalten steuern, haben wir die Chance, uns quasi selbst neu zu programmieren. Dies mag im ersten Moment nach einer Umerziehungsmaßnahme klingen, die manche möglicherweise aus undemokratischen Systemen oder von rigiden

Religionsauslegungen kennen. Doch gerade im Bereich des Medienkonsums brauchen wir ein Bewusstsein dafür, dass unser Verhalten nicht ohne Folgen bleibt. Das Ziel ist ein maßvoller, nachhaltiger Medienkonsum – eine riesige Herausforderung für Unternehmen und Nachrichtenmedien, die seit jeher nach dem Credo arbeiten: *Only bad news are good news.* Denn die Eiche, die seit dreihundert Jahren im Garten steht, ist keine Nachrichtenmeldung wert. Erst wenn sie verschwindet, weil sie vom Blitz getroffen oder gefällt wurde, wird sie interessant.

Ein nachhaltiger Umgang mit Nachrichten, Meldungen sowie Postings in den Sozialen Medien müsste auf der einen Seite als Produkt funktionieren, aber gleichzeitig verhindern, dass eine weitere Polarisierung stattfindet. Denn eine solche Polarisierung führt zu einem politischen Klima, das für nachfolgende Generationen eine bedrohliche Welt hinterlässt. Die Entwicklung eines solchen nachhaltigen Medienkonsums können wir nur selbst in die Hand nehmen. Wir müssen die Dynamiken bei uns selbst kennen, und wir müssen begreifen, welche Folgen ein unreflektierter Medienkonsum hat.

Was ist also zu tun, um ein Bollwerk gegen Extremismus zu bilden?, fragte die Deutschlandfunk-Redakteurin Kathrin Kühn in einem Interview die Mitherausgeberin der »Mitte-Studie 2023«[5], Prof. Dr. Beate Küpper. Küpper verwies unter anderem auf die Rolle der Medien: »Diese lustvolle Kritik, ich möchte keine pauschale Medienschelte betreiben, aber natürlich ist es auch die Handlungslogik der Medien, auf Empörung zu setzen und auf Negatives.«[6] Und sie liegt damit sehr richtig.

Übrigens sind auch Buchverlage Teil dieses Problems. Sie kaufen oft nach dem gleichen Mechanismus Autor*innen ein, die nicht zuletzt wegen ihrer lauten und polarisierenden Äußerungen als relevant für den Buchmarkt gewertet werden. In Teilen der Buchbranche ist ein Problembewusstsein zu diesem Punkt durchaus vorhanden; deshalb wird die Einkaufspolitik damit gerechtfertigt, dass nach der Polarisierung eine Versachlichung folge. Dem ist leider nicht so, und das können wir seit Jahrzehnten beobachten. Meist ist die gesellschaftliche Polarisierung bereits so weit vorangeschritten, wenn ein Buch zum Thema erscheint, dass die Versachlichung diese Entwicklung nicht mehr auffangen kann. Denn um Bücher zu verkaufen, braucht man Medienpräsenz. Und gerade der Medienbetrieb macht – auch durch die Berichterstattung über die Polemiker – das Thema groß und fördert jene Lauten, ohne den Leisen und Differenzierenden genügend Raum zu gewähren. Dabei ist es egal, ob die lauten Polemiker dem extrem rechten, linken oder religiösen Milieu entstammen. Fehlende Sachlichkeit bei gesellschaftsrelevanten Themen verstärkt die Emotionen und triggert Ängste in allen Milieus, die sich je nach Möglichkeiten, Vorprägungen und Persönlichkeitsstrukturen radikalisieren können, es bereits in der Vergangenheit taten und auch in Zukunft tun werden.

Viel Feind, viel Ehr! Und noch mehr Polarisierung

Wie solch ein Autor*inneneinkauf aussehen kann, war schon vor Jahren am Beispiel des Megabestsellerautors Thilo Sarrazin zu beobachten. Sein Buch gilt als das meistverkaufte Sachbuch seit der Gründung der Bundesrepublik Deutschland. 2012, zwei Jahre nach dem Erscheinen von *Deutschland schafft sich ab,* hatte sich das Buch bereits 1,5 Millionen Mal verkauft, und bis heute wird es rege erworben. Sarrazin behauptet in diesem Buch, durch den starken Geburtenrückgang der autochthon deutschen Bevölkerung sowie die hohen Geburtenraten von vorrangig muslimischen Familien in Kombination mit bildungsfernen Zugewanderten würde Deutschland seine Zukunft verspielen. Das Buch wurde in der BILD sowie im SPIEGEL vorabgedruckt, und auch DIE ZEIT führte viele Interviews mit dem Autor. Über Monate hinweg bewarben die Medienhäuser damit indirekt Sarrazin und sein Buch, während andere differenzierte Titel zum Themenfeld weniger Beachtung bis gar keine Beachtung fanden.

Nun kann man argumentieren, dass Sarrazin als ehemaliger Berliner Finanzsenator und Vorstandsmitglied der Bundesbank eine Person des öffentlichen Lebens sei und dass man es nicht ignorieren könne, wenn eine solch prominente Person derartige Äußerungen tätige. Andererseits entscheiden sich Redaktionen und Verlage regelmäßig auch *gegen* den Vorabdruck oder die ausführliche Beschäftigung mit den Buchveröffentlichungen durchaus prominenter Personen. Es dürfte in der Medienbranche auch allgemein bekannt sein, dass nicht jedes Buch aus prominenter Feder automatisch gehaltvoll ist. Es bleibt also eine redaktionelle Entscheidung, die im Falle von SPIEGEL und BILD aktiv getätigt wurde. Der Grund: Durch die prominente Beschäftigung mit dem Buch bis hin zum Vorabdruck sicherte man sich schon vor Erscheinen des Buchs ein hohes Maß an Aufmerksamkeit. Und damit wurde am Kiosk Geld verdient.

Mehr noch: Nicht Sarrazin war mit seiner Buchidee aktiv auf die Verlage zugegangen, sondern sie liefen ihm förmlich mit Angeboten hinterher. Alles begann 2008. Damals äußerte sich der damalige Berliner Finanzsenator damit, dass Mensch von 128 Euro pro Monat und Person sich »völlig gesund, wertstoffreich und vollständig ernähren« könne. Die Medien berichteten monatelang rauf und runter, und das nicht nur in Berlin, sondern bundesweit. So kam es, wie es kommen musste: Namhafte Verlage ließen nicht lange auf sich warten und meldeten sich bei ihm. Sarrazin selbst spricht von vier oder fünf Buchanfragen, die er alle abgelehnt habe.

Ein Jahr später legte er den Posten des Finanzsenators nieder, wechselte in den Vorstand der Bundesbank und veröffentlichte 2010 das legendäre Skandalbuch.

Sarrazins hoher Marktwert war ein Phänomen der klassischen Medien: TV, Print- und Onlinemedien. Heute genügen eine ausgeprägte Social-Media-Präsenz und zahlreiche Follower, um vermeintliche Relevanz zu erzeugen. Selbst alteingesessene Kolleginnen und Kollegen aus den öffentlich-rechtlichen Medien werden seit ein paar Jahren dazu gedrängt, sich in den Sozialen Medien zu zeigen – und damit auch zu inszenieren. Das gefällt nicht allen Kolleginnen und Kollegen, und viele tun es eher freudlos. Doch wie so oft arrangiert Mensch sich mit neuen Umständen und Anforderungen.

Für all jene hingegen, die eher eine Profilneurose haben, sind diese Zeiten großartig. Es herrscht die reinste Goldgräberstimmung. Durch die oben bereits erläuterte Dynamik ergeben sich für solche Persönlichkeiten ganz neue Chancen auf Sichtbarkeit und inszenierte Relevanz, die sie vor Social-Media-Zeiten nur bei Trash-TV-Formaten wie *Big Brother* oder bei Daily Talkshows im Stil von *Hans Meiser*, *Arabella* oder *Vera am Mittag* erlangt hätten. Die weit verbreitete Geltungssucht lässt jedes Posting, jeden Livestream und jeden orchestrierten Shitstorm zur relevanten Meldung mutieren. Durch polarisierende Äußerungen und Inszenierungen werden Reaktionen künstlich erzeugt, sodass die Reichweite und Followerzahl ansteigt, was wiederum das Interesse der etablierten Medien und Buchverlage weckt.

Das Prinzip folgt den gleichen Marktregeln wie bei X, Instagram und Co. Wer sich also im Mainstreambetrieb über Mark Zuckerberg oder Elon Musk echauffiert, sollte sein eigenes Geschäftsmodell nicht unbeachtet lassen, das sich nicht substanziell von den großen Tech-Unternehmen unterscheidet. Mit dem Unterschied, dass diese Tech-Unternehmen keine Nachrichtenmedien sind und dass auch Buchverlage einen anderen Auftrag haben, als halbgare und polarisierende Inhalte zu publizieren. Ob die sich nun verkaufen oder nicht. Sachbücher und Nachrichtenartikel mit Substanz und sauberer Recherche müssten den Raum bekommen, den sie verdienen und die einen allgemeinen

Mehrwert für die Gesellschaft anbieten. Seriöse Medien haben die Aufgabe, zu informieren und nicht zu desinformieren.

Die Unterhaltung hat hier ausdrücklich eine andere Rolle. Alles hat seine Daseinsberechtigung, von der smarten bis hin zur trashigen Unterhaltung. Es geht nicht darum, Geschmackspolizei zu spielen. Es geht um einen rational nachvollziehbaren Ausgleich.

Betrachtet man diese Mechanismen, dann wirkt es nicht mehr erstaunlich, dass nach Sarrazin jede Menge Autor*innen aus dem Social-Media-Kosmos ihre Bühne bekamen und bekommen, die nicht auf Sachlichkeit, sondern auf Follower um jeden Preis setzen. Als Abgrenzung zum alten weißen Mann sind sie vielfältig, jung und weiblich. Sie heißen Sophie Passmann, Quadromilf oder XY und benutzen Themen wie Feminismus, Rassismus oder rechte Gewalt, um die eigene Sichtbarkeit medial auszubauen. Inhaltlich lassen sie oft zu wünschen übrig.

Bevor sich die Autorin und Moderatorin Passmann 2023 von Twitter bzw. X verabschiedete, schrieb sie einmal exemplarisch auf, was sie selbst jahrelang polarisierend getrieben hat.

> *Das führte in den besten Fällen schon dazu, dass hochrelevante Debatten plötzlich zeitgleich in allen wichtigen Medien diskutiert wurden. In den schlechtesten Fällen lassen sich Journalisten immer wieder vom Versprechen ihrer eigenen Wichtigkeit einlullen und dazu hinreißen, absolute Null-Nacherzählungen von Twitter-Diskussionen aufzuschreiben, (…).*

Passmann versteht auch das Spiel mit dem Hass: »Wer auf Twitter gewinnen will, muss die größten Worte für den eigenen Hass finden. Ich war besonders gut darin. Ich hatte 220.000 Follower. Ich war selbst Teil des Problems.«

Heute braucht sie die Sozialen Medien nicht mehr. Sie ist endlich berühmt, das Spiel mit dem Hass hat sich für sie ausgezahlt. Dass wir als Gesellschaft mit den Folgen jener Mechanismen leben müssen, die Personen wie sie täglich in die Social-Media-Kanäle spülte und damit andere motivierte, es ihr gleichzutun, scheint vergessen und vergeben. Trotzdem bleibt der Treibstoff ihres Erfolgs der Hass, den sie und ihresgleichen verbreiteten und verbreiten, egal ob weiblich, männlich, queer, mit oder ohne Migrationshintergrund. Hass und Hetze sind und bleiben schädlich, und dabei ist es vollkommen egal, von wem sie betrieben werden.

Womit wir wieder bei Schäubles Worten zu Beginn dieses Kapitels wären: »Das macht die Sache gefährlich, denn damit nimmt der Populismus zu, und der nächste Schritt nach dem Populismus ist der Extremismus, und da haben wir im vergangenen Jahrhundert schon genügend Diktaturen erlebt. Und ich möchte nicht, dass wir in diesem Jahrhundert noch Schlimmeres in Europa erleben müssen.« Offenbar ist das all den lauten Postingheld*innen nicht bewusst: dass auch ihre Zeilen im Netz zu Extremismus führen und dass Extremismus nicht nur in Gestalt von Fackeln oder Sprengstoffgürteln in Erscheinung tritt.

All jene, die um jeden Preis gesehen und berühmt werden wollen, aber über keine besonderen Fähigkeiten verfügen und deshalb auch nicht in der Lage sind, etwas Eigenes zu erschaffen, können beim Verbreiten von Hass und Desinformation eine große Gefahr für die Gemeinschaft sein. Dazu zählt auch, wie Passmann treffend schreibt, die journalistische Zunft, die *sich »immer wieder vom Versprechen ihrer eigenen Wichtigkeit einlullen«* lässt. Und wenn sie sich alle damit rausreden wollen, dass ihr Verhalten allein der Angst und der Sucht nach Dopamin geschuldet ist, machen sie es sich ein weiteres Mal zu leicht. Denn auch sie sind als Menschen in der Lage, sich in Impulskontrolle zu üben oder sie zumindest zu erlernen – besser früh als spät.

Dennoch können wir die Schuld für die aktuelle Misere nicht ausschließlich den lauten Hetzern und Polarisierern in die Schuhe schieben. So einfach können wir es uns als Gesellschaft nicht machen. Zu den Mitverursachern gehören wir alle, wenn wir sie und ihre Ergüsse mit Aufmerksamkeit in Form von Klicks, Zitierung, Abdruck und so weiter honorieren. Da hilft dann auch kein Jammern über »Hass und Hetze im Netz«, wenn Mensch selbst mit einstimmt in Hass und Hetze im Namen der »Guten Sache«. Mit Feuer kann Feuer nicht gelöscht werden. Niemand kann sich hier der Verantwortung entziehen.

4

Ablasshandel reloaded … zwischen Cancel und Empörung

Im Jahr 2010, als Deutschland auf der einen Seite schockiert und auf der anderen Seite geradezu euphorisch über Thilo Sarrazins Thesen zwischen zwei roten Buchdeckeln war, erschien ein weiteres Buch, das hierzulande auf fruchtbaren Boden fiel. Es sollte jene Versachlichung liefern, von der immer wieder die Rede ist. Genau das richtige Buch für all jene, die fassungslos über den Bucherfolg von Sarrazin waren und mit Entsetzen auf all die Buchhandlungen starrten, in denen sich mancherorts *Deutschland schafft sich ab* auf Europaletten stapelte.

Gemeint ist ein winziges türkisfarbenes Büchlein mit dem Titel *Empört euch!*, das im Februar 2011 in Deutschland erschien. Die Streitschrift hatte sage und schreibe vierzehn Seiten. Der Autor war der achtzigjährige Stéphane Hessel. Hessel stammte aus Deutschland, war aber französischer Staatsbürger und ehemaliger französischer Widerstandskämpfer in der Résistance, ein Überlebender des KZ Buchenwald. Hessel hatte als französischer Diplomat lange für die UNO gearbeitet und war Mitglied der UN-Menschenrechtskommission gewesen. Zeit seines Lebens setzte er sich für Menschenrechte, Entwicklungshilfe und Demokratie ein. 2012 veröffentlichte er erneut einen kleinen Essayband, diesmal mit dem appellativen Titel *Engagiert Euch!*. Das *Zeit*-Feuilleton beurteilte das Bändchen als »recht grob geschnitzt, stellenweise falsch«[7]; die *Frankfurter Rundschau* schrieb: »Dort [gemeint ist Frankreich] wird ein Aufruf für Immigranten, gegen soziale Ausgrenzung zum Bestseller des Jahres 2010. Bei uns war es der ebenso emotionale, aber mit buchhalterischer Verbissenheit vorgetragene Aufruf gegen Immigranten und für soziale Ausgrenzung von Thilo Sarrazin.«[8]

Gerade die zuletzt zitierte Beobachtung zeigt sehr treffend die Kluft zwischen denen, die beschämt, wütend oder auch nur irritiert auf Sarrazins Buch reagierten, und denen, die den Wälzer, der »endlich« formulierte, was sie immer schon gedacht hatten, dankbar aufgriffen und fortan mit dem guten alten »das wird man doch wohl noch sagen dürfen« argumentierten. Im Laufe der Empörung um das Sarrazin-Buch äußerten sich viele medial, die diesen schwerfällig geschriebenen 512-Seiten-Band nie gelesen hatten – auf beiden Seiten der Kluft.

Vierzehn Seiten *Empört euch!* erschienen da viel einfacher und hoffnungsvoller. Doch auch hier blieb es beim Buchdeckel und den Besprechungen in den Medien. Dies genügte allen, voran denjenigen, die bei der Debatte um Sarrazin in Dauerempörung verweilten, statt stichhaltig und mit Substanz zu argumentieren. Egal, ob diese Personen eine Einwanderungsgeschichte hatten oder nicht.

Das Problem war nur: Die Dauerempörung wirkte sich negativ auf die allgemeine Stimmung aus und führte zu einer miesen Diskussionskultur, die immer mehr zur Unkultur wurde. Einfach, weil *Empört euch!* zu wörtlich genommen wurde und fortan als einzige Antwort auf alle möglichen gesellschaftlichen Probleme zu dienen scheint. Kurz: Man machte es sich (wieder einmal) zu einfach. Jede andere Reaktion hätte bedeutet, zu reflektieren, zu differenzieren, kreative Lösungsansätze zu entwickeln. Einfach mal raus aus der Dauererregung scheint hingegen keine Option für Problemlösungen zu sein.

Was folgte und fortan fast zum Konzept für alle möglichen medialen Konfrontationen wurde: Man stellte Sarrazin oder Personen, die seine Positionen teilten, einen Kontrahenten mit Einwanderungsgeschichte gegenüber, das dann den Großteil des Gesprächs damit zubrachte, sich über ihn zu empören. Und das Ergebnis? Das ganze Land sprach über Sarrazin und seine Thesen. Er und sein knallrotes Buch waren überall medial anzutreffen. Auf den Titelblättern, in den Öffentlich-Rechtlichen wie auch bei den privaten Sendeanstalten. Doch wer Taxi fuhr und sich mit jenen unterhielt, die nicht Teil des Medienbetriebs waren und Medien vor allem zur Unterhaltung konsumierten, merkte schnell: Sie hatten von dem Medienspektakel kaum bis nichts mitbekommen. Manche von ihnen, über die Sarrazin despektierlich schrieb, reagierten entweder mit Schulterzucken oder stimmten Sarrazin zu.

Wie so oft bildete auch bei diesem Thema die Medienberichterstattung nicht wirklich die Lebenswirklichkeiten ab und brachte uns damit als Gesellschaft keinen Schritt weiter. Unsere Diskussionskultur bekam gewaltige Risse, die mittlerweile in Teilen der Gesellschaft zu Gräben geworden sind. Wenn wir nicht bald auf die Bremse treten, dann teilen sich die diskursiven Erdplatten so sehr, dass wir zu vereinsamten und verfeindeten Inseln werden, die sich nur noch aus der Ferne bekriegen. Diese Gräben erinnern uns heute daran, was passiert, wenn Sachlichkeit in Diskussionen durch Empörung und Gefühle ersetzt wird.

So war es auch nur eine Frage der Zeit, bis das Unvermeidliche passierte: Im Jahr 2013 wurde eine neue Partei gegründet. Eine Partei namens *Alternative für Deutschland*. Heute ist sie fest in Landesparlamenten und im Bundestag etabliert. Ihre Gründer freuten sich über den »Faktenüberbringer«-Sarrazin aus der SPD. Der Professor für Makroökonomie Bernd Lucke und Ex-BDI-Präsident Hans-Olaf Henkel hätten Sarrazin wohl gern gefragt, ob er Mitglied der AfD werden wollte.

Sarrazin bevorzugte es allerdings stets, in der SPD zu verbleiben. Die wiederum 2011 ein Parteiausschlussverfahren gegen ihn eingeleitete, das nach langem Hin und Her 2020 zum Ausschluss führte.

Vieles, was sich nach 2010 medial abspielte, war Ausdruck unglücklicher Versuche, sich abzugrenzen von allem, was nach Rassismus roch. Dabei war vielen Kolleg*innen in den Redaktionen durchaus bewusst, dass es in sozialer, kultureller, religiöser und politischer Hinsicht Schieflagen gab, auch wenn Sarrazin diese unpräzise eingefangen hatte. Doch durch den Sturm der Entrüstung, den er damit auslöste, wurde geradezu verhindert, dass irgendwo noch sinnvolle Lösungsansätze entwickelt werden konnten. Stattdessen wurde es zum Gebot der Stunde, sich als Anti-Sarrazin zu inszenieren, sich abzugrenzen und zu distanzieren, während durch die ständige polarisierende Selbstdarstellung die Konflikte zunahmen. Medienredaktionen wie auch die handelnden Subjekte hätten durch Sachlichkeit und Gewissenhaftigkeit die Polarisierung vermeiden können und den durchaus existierenden Problemen auf dem Bildungs- und Arbeitsmarkt sowie in der Migrations- und Integrationspolitik entgegenwirken können. Stattdessen nahm eine Bewegung immer mehr Raum ein, die zwar ein hehres Ziel hatte, in der Praxis aber bis heute all jenen Lauten mit Hang zur Substanzlosigkeit eine Bühne bietet, die munter am großen Graben weiterbuddeln. Diese Bewegung bezeichnet sich selbst als »woke« und hat schon vielen einen Platz eingeräumt, die sich, von sich selbst besoffen, im Ich-Kult suhlen.

Die Guten und das Ich

»Woke wird getrieben von traditionellen linken Emotionen«, sagt die in Deutschland lebende amerikanische Moralphilosophin Susan Neiman in einem SPIEGEL-Podcast.[9] »Man möchte auf der Seite der Unterdrückten stehen, man möchte Menschen unterstützen, die marginalisiert sind. Man möchte die Verbrechen der Vergangenheit wenn nicht wiedergutmachen, dann wenigstens ihrer gedenken.« Kurz: Man möchte und will viel. Erreichen tut das Woke-Ich jedoch meist das Gegenteil von dem, was »man möchte«. Und vor allem dreht es sich ständig um das eigene Selbst. Das eigene Bedürfnis steht im Vordergrund, nicht das der anderen. Und das, was man möchte, ist nicht immer das, was das Gegenüber von einem erwartet oder braucht bzw. wünscht. Das Ich steht im Zentrum von allem, und alle anderen stehen irgendwo, nur nicht gleichberechtigt gegenüber, geschweige denn auf Augenhöhe. Dafür wird spätestens durch Abwertung oder Mitleid gesorgt.

Hierbei wird meines Erachtens ein Aspekt regelmäßig außer Acht gelassen, der aber wichtig ist für die Auseinandersetzung mit all den Themen rund um Engagement im Namen der Demokratie und Freiheit und gegen Rassismus: die eigene persönliche Rolle, die jede einzelne handelnde Person hierbei spielt. In der Gemeinschaft auftretend, verschwimmt das Ich, und dies ist möglicherweise sogar gewünscht, weil es auf diese Weise von sich selbst und von der egozentrischen Motivation ablenkt.

Dort, wo Engagement eine große Rolle spielt, hängt meiner Beobachtung nach der eigene Selbstwert stark von diesem Engagement und auch vom Inszenieren des Engagements ab. Gerade in den unterschiedlichen Mediengattungen und der Politik ist dies zu beobachten. Aber auch im privaten Raum, im Familien- und Freundeskreis sowie in der Nachbarschaft, in der Arbeitswelt oder auch in der Ausbildung ist diese Inszenierung allgegenwärtig. Der Selbstwert ist abhängig von der Wahrnehmung anderer, er kommt nicht aus sich selbst heraus, er bleibt egozentrisch. Es herrscht ein Denken, das sich letztlich auf den Nenner bringen lässt: Nur, wenn ich mich so verorte, wie es Neiman beispielsweise für das linke Milieu erläuterte, bin ich wertvoll in dieser Gesellschaft und der Welt und gehöre damit zu den Guten.

Nie wieder ist jetzt!

Dies gilt übrigens genauso für andere soziale und politische Milieus und ist auch im rechten Lager zu beobachten. Und leider entsteht so eine Ideologie, die an Größenwahn heranreicht. Denn statt im direkten Umfeld, z. B. in der eigenen Familie, im Freundeskreis, Arbeits- und Bildungsumfeld für ein friedliches Miteinander und Austausch zu sorgen, sucht man die Bühne der großen Gesten. Die jedoch ist den polarisierenden Lauten vorbehalten, die die Fleißarbeit der Problemlösung den an der Sache interessierten, motivierten Stillen überlassen und zu gegebener Stunde sich aneignen und als ihre Leistung verkaufen. Doch Frieden, Demokratie und Freiheit können nicht gelingen, wenn wir uns von unserem direkten Umfeld abwenden und es als unbedeutend und zweitrangig bewerten, weil man dort angeblich nichts bewegen kann. Das Gegenteil ist der Fall: Gerade die gemeinsame Arbeit an der Basis führt zu Solidarität, Zusammenhalt und Rücksicht.

Die Abkehr vom vermeintlich Kleinen sorgt dafür, dass in der Bevölkerung das weit verbreitete Gefühl entsteht, Politiker*innen würden »über die Köpfe hinweg entscheiden« und »die Medien« würden »nicht über ihre Lebensrealität berichten«. Bereits 2008 wurde festgestellt, dass das Vertrauen in die Demokratie schwand. »Jeder Dritte glaube danach nicht mehr daran, dass die Demokratie noch die Probleme lösen kann. In Ostdeutschland ist es mehr als jeder Zweite (53 Prozent)«,[10] fand die Friedrich-Ebert-Stiftung damals heraus. Auch die Art, wie wir Polarisierung betreiben, fördern und dulden, trägt daran ihren Anteil. Und die Entwicklung ging und geht weiter, mit fatalen Folgen, wie wir schon länger im Ausland und nun auch in Deutschland beobachten können. Der Rechtsruck hat Deutschland im Griff, gemeinsam mit dem Erstarken des Islamismus. Das, was Sarrazin 2010 in seinem Buch manifestierte, aber zuvor bereits in Interviews kundtat, hat einen wesentlichen Teil der Menschen abgeholt, die nicht so genau hinsehen oder begreifen wollen und bevorzugt die Schuld bei »den anderen«, »den Fremden« suchen und im Lagerdenken verharren.

Zunehmend neigen Menschen hierzulande dazu, sich lieber nicht öffentlich zu Wort zu melden, weil sie befürchten, es könne ihnen beruflich schaden. Doch spätestens an der Wahlurne verleihen sie ihrem Unmut und eben auch rechtsextremen Überzeugungen Ausdruck. Dabei spielt der persönliche Hintergrund eine geringere Rolle, als gemeinhin angenommen wird. Zu glauben, nur weil jemand homosexuell, queer, migrantisch oder weiblich ist, könne er/sie nicht rechtsextrem wählen, war schon immer ein Fehlschluss, auch wenn das so mancher bis heute nicht wahrhaben will. Auch zeigen Äußerungen wie die von dem SPD-Politiker Wolfgang Thierse, dass die negative und destruktive Vielschichtigkeit der Mehrheitsgesellschaft und ihrer Einwanderer noch immer nicht erfasst wird. So sagt er in einem Interview über Einwanderung: »Wir erleben ja jetzt, wie dramatisch das Problem sein kann, angesichts des Israel-Konflikts. Der mörderischen Attacke der Hamas auf Israel und der Solidaritätsbekundungen im eigenen Land. Man sieht, dass Menschen, die zu uns kommen, dass wir denen etwas zumuten können und müssen … Wer in dieses Land kommt, aus welchen Gründen auch immer, der kommt in ein kulturell und geschichtlich geprägtes Land. Und zu dieser Prägung gehört zum Beispiel auch der Holocaust und die moralisch-politische Verpflichtung daraus. Und auch, wenn jemand aus einem islamisch-arabisch geprägten Land kommt und sagt, das hat nichts mit mir zu tun: Doch! In dem Moment, wo du in diesem Land lebst, musst du diese Zumutung akzeptieren und dir aneignen.«[11]

Thierses Schlussfolgerung teile ich durchaus. Als Nachkommin einer marokkanischen Zuwandererfamilie weiß ich, dass meine Eltern eine bewusste Entscheidung für Deutschland getroffen haben und damit auch seine Geschichte und Werte akzeptierten und teilten. Gerade die Religionsfreiheit wurde geteilt und auch für andere – ob religiös oder andersgläubig – gelebt und verteidigt. Was Thierse allerdings fordert, widerspricht der Realität in Deutschland. Denn die moralisch-politische Verpflichtung, die sich aus der deutschen Geschichte ergibt, ist in dieser Klarheit auch in der Mehrheitsgesellschaft ohne Migrationshintergrund nicht Konsens. Hinzu kommt, dass viele Einwanderer durchaus genau die von ihm geforderte Haltung leben oder gar selbst mitbringen und gar keinen Konflikt in der oben formulierten Forderung sehen bzw. gar keine antisemitische Haltung haben. Andererseits ist es naiv, anzunehmen, in diesem Land lebten lauter Kämpfer gegen den Antisemitismus, weil sie ja schließlich eine deutsche Schulbank gedrückt und einmal in einer KZ-Gedenkstätte eine Führung absolviert haben. Äußerungen in dieser Richtung beweisen leider nur, wie realitätsfern so mancher Politiker ist.

Während ich an diesem Kapitel schrieb, lernte ich zufällig einen palästinensischstämmigen Friseur aus dem Libanon kennen, der seit 2016 mit seinem Bruder in Deutschland lebt. Wolfgang Thierse hätte seine Freude an der Haltung dieses Mannes gehabt. Im Gespräch sagte er mir, für ihn sei völlig klar, dass Deutschland seine Geschichte hat und jemand wie er, der zugezogen ist, das akzeptieren muss. Kein Problem für ihn.

Andererseits lässt sich nicht leugnen, dass ein Teil der antisemitischen und israelfeindlichen Positionen nicht nur von Deutschen ohne Migrationshintergrund geteilt wird, sondern dass gerade in Deutschland antisemitischen Organisationen und Vereinen sowie Predigern keine Grenzen aufgezeigt werden. Kein Wunder also, dass viele junge Menschen – mit und ohne Einwanderungshintergrund – zunehmend revisionistisch auf die Geschichte dieses Landes blicken. Es wird also das Gegenteil von dem getan, was man von Einwandern fordert, bei gleichzeitiger zumindest indirekter Förderung antisemitischer Haltungen.

Thierse selbst war im Jahr 2021 mit einem kritischen Beitrag über »linke Identitätspolitik« in die Schlagzeilen geraten. Gerade die lauten und dauerempörten Akteur*innen der sogenannten Identitätspolitik neigen zu antisemitischen und antiisraelischen Haltungen, die mit einer vermeintlichen Palästina-Solidarität relativiert werden. Mit freundlicher Unterstützung von mehrheitlich Deutschen ohne Einwanderungsgeschichte wohlgemerkt. Von allzu vielen Verleger*innen, Redakteur*innen oder auch Minister*innen wird Antisemitismus entweder nicht erkannt, oder man ist klammheimlich erleichtert darüber, dass »People of Color« sagen, was man vor dem Hintergrund der eigenen Geschichte lieber nicht laut ausspricht.

Es ist eine vertrackte Situation. Es gibt einfach viel zu viele unehrliche Haltungen, wo dringend eine ehrliche Auseinandersetzung gebraucht würde. Denn Antisemitismus kostet nicht nur in der Vergangenheit Leben. *Nie wieder* ist jetzt!

Was die katastrophale Lage der palästinensischen Bevölkerung in der Region und die Solidarität mit ihr betrifft, so sind leider allzu oft falsche Freunde involviert, wie die deutsch-palästinensische Geschäftsführerin des Bildungsvereins Transaidency e. V., Jouanna Hassoun, sagt. Dass die Palästina-Solidarität der heutigen Linken wie auch ihrer Vorläufer eher geschadet hat und dass sie heute (wie ihre Vorgänger bereits in den 1970er-Jahren) mit Terroristen sympathisieren, wird zu wenig problematisiert und aufgearbeitet bzw. reflektiert. Denn es gibt nicht nur eine rechte, sondern auch eine linke Kontinuität in Deutschland, die ebenfalls viele destruktive Auswüchse hat und in Europa wie im Ausland viele Opfer kostete und auch heute noch kostet. Diese und ähnliche Gruppierungen haben bereits in den Siebzigerjahren im Iran den Weg für die Mullahs frei gemacht. Und so kämpft auch heute ein Teil der Linken an der Seite der Islamisten. In Frankreich spricht man in diesem Zusammenhang bereits vom »Islamo-Gauchisme« (Islam-Linke).

Angesichts dieser problematischen Formen von Solidarisierung, die stets lautstark vorgetragen werden, geraten jene in den Hintergrund, die sich sowohl mit der israelischen als auch der palästinensischen Seite solidarisieren oder, wenn sie zu einer Seite neigen, zumindest keine Dämonisierung des anderen vornehmen. Stimmen also, die weder alle Palästinenser als Terroristen und Monster wahrnehmen noch alle Israelis als Besatzer und Monster dämonisieren. Solche Stimmen werden in medialen und politischen Diskussionen und auch in der Zivilgesellschaft kaum bis gar nicht vernommen. Auch, weil sie im Grabenkrieg der Solidarisierung und Social-Media-Propaganda die Klaviatur der Aufmerksamkeitsökonomie nicht spielen wollen oder können.

Gerade im Oktober 2023 konnte Mensch dabei zusehen, wie alle möglichen Influencer, die sonst die neuesten Kochrezepte oder Beautytipps mit der Welt teilten, zu parteiischen Nahostexperten mutierten. In ihren dümmlichen und gefährlichen Videos versorgten sie vornehmlich das Anti-Israel-Klientel mit Halbwahrheiten und teilweise Fake News. Denn nicht nur Sex sells, auch der Palästina-Israel-Konflikt ist ein Garant für maximale emotionale Erregtheit. Und gerade in unserer vielschichtigen Gesellschaft muss Mensch begreifen, wie die unterschiedlichen Formen des Rassismus und Antisemitismus gedeihen und sich ausbreiten.

Die Aufarbeitung der deutschen NS-Vergangenheit braucht Deutschland mehr denn je und besser früher als später. Dennoch wird in diesem Land noch immer geglaubt, dass Nazis immer Deutsche sind und linke Deutsche mit und ohne Migrationshintergrund stets antirassistisch seien und keinesfalls antisemitisch sein können. Das ist falsch, und die Komplexität des Antisemitismus ist nicht erst mit Ende des Zweiten Weltkriegs in dieses Land eingewandert, wie so manche AfD-Politiker oder Rechte gerne behaupten.

Um zu verdeutlichen, wie sich Rechtsextremismus heute in Deutschland formiert, ist ein kleiner Exkurs in die türkische Einwanderungsgeschichte in Deutschland wichtig. Der ehemalige Finanzminister und CSU-Politiker Franz-Josef Strauß, der bis zu seinem Tod 1988 Ministerpräsident von Bayern war, unterstützte die türkische rechtsextreme Partei Milliyetçi Hareket Partisi in Deutschland. Die offizielle Gründungserklärung dieser Partei in Deutschland stammt aus dem Jahr 1973. Allerdings wurde bereits im Jahr 1969 ein Parteitag der MHP in Deutschland abgehalten: im Gründungsjahr der MHP in der Türkei und gerade einmal dreißig Jahre, nachdem die Nationalsozialisten den Zweiten Weltkrieg angezettelt hatten. Der Gründer der türkischen Nationalsozialisten ist Alparslan Türkeş. Er war bereits im Dritten Reich ein Kollaborateur der Nationalsozialisten gewesen und bezeichnete sich selbst lange als Nationalsozialist.

Die deutsche Unterstützung der MHP muss im Zusammenhang mit der gesamtpolitischen Situation in der Bundesrepublik Deutschland der Sechzigerjahre gesehen werden.

Nach der Gründung der Bundesrepublik hatten zahlreiche Altnazis – allen früheren Bestrebungen hin zu einer »Entnazifizierung« zum Trotz – wieder hohe Posten in Regierungen und Verwaltungen erlangt. Gefördert wurde diese Entwicklung durch die Angst vor der Bedrohung durch die Sowjetunion und den Kommunismus. Und so kam es, dass man auch im Ausland auf die alten Verbündeten und Gleichgesinnten zurückgriff.

So stützte man sich unter anderem auf Türkeş, den man mit seiner Partei samt Anhängern in Deutschland gegen jene Einwanderer aus der Türkei einsetzte, die sich im sozialistischen, kommunistischen und linken Milieu bewegten. »Dank zahlreicher Belege, etwa aus Antworten der Bundesregierung auf parlamentarische Anfragen, wissen wir heute, dass die deutsche Unterstützung der türkischen Machthaber nicht nur auf Hilfen in der Türkei begrenzt war, sondern auch in der BRD fortgeführt wurde. Die Junta hatte sich zum Ziel gesetzt, auch im Ausland für ›Ordnung‹ zu sorgen. Denn Selbstorganisationen der kurdischen wie türkeistämmigen Migrant*innen in Europa, deren Handlungsfähigkeit durch die politischen Flüchtlinge nach dem Putsch (in der Türkei) gestärkt worden war, sorgten mit Aktionen für Kritik an der Militärdiktatur in der europäischen Öffentlichkeit.«[12]

Mitglieder und Sympathisanten der MHP-Ideologie wurden und werden auch als »Graue Wölfe« bezeichnet. Der Wolf bzw. die Wölfin Asena dient der türkischen Rechten als eine Leitfigur ihrer Abstammungslegende. Zu ihren Feinden gehören neben den Juden und Israel auch die Christen, Armenier, Griechen, Kommunisten, Freimaurer, die EU, der Vatikan und nicht zu vergessen die Vereinigten Staaten. Als eine der Nachfolgeorganisationen der MHP in Deutschland gilt die ATIB, die im Zentralrat der Muslime organisiert ist.

All diese Hintergründe sind wichtig, wenn wir das Ausmaß des Rechtsextremismus in Deutschland auch nur ansatzweise erfassen wollen. Denn als größte rechtsextremistische Organisation in Deutschland mit ca. achtzehntausend Mitgliedern gelten die Grauen Wölfe.[13] Wenn also in Deutschland die Rede davon ist, dass die größte Gefahr von Rechtsextremen ausgeht, dann ist das angesichts der vielfältigen Strömungen, die es hierzulande gibt, nicht von der Hand zu weisen. Nur ist uns in Deutschland noch immer nicht bewusst, dass dieser Rechtsextremismus seit Jahrzehnten nicht zuletzt auch einen türkischen Migrationshintergrund hat und mit dem Islamismus verbandelt ist. Zu allem Überfluss auch noch selbst importiert und gefördert. Jahrzehntelang wurde es versäumt, gegen diese Auswüchse vorzugehen und aufzuklären.

Selbstwert – verzweifelt gesucht

Das polarisierende Wechselspiel zwischen Gut und Böse, Ihr und Wir, Links und Rechts, lebt also vom Engagement in den jeweiligen Lagern und hat in den letzten Jahren, nicht zuletzt im Rahmen der jüngsten Woke-Bewegung, neue Höhenflüge erlebt. So sehr, dass das eigentlich wichtige Anliegen, wach zu sein für die Ausgrenzung marginalisierter Gruppen und Personen zu einem Schimpfwort und Kampfbegriff geworden ist. Selbst Linke gehen zunehmend auf Distanz.

Das Problem: Von diesem Konzept leben gerade jene, die regelmäßig in Publikationen oder Redebeiträgen, aber auch in Unternehmen zur Polarisierung und damit zur Aus- und Abgrenzung beitragen. Grabenkämpfe und Spaltung sind die Folge, da sich das meist rechtsextreme Spektrum in Opposition begibt und scharf gegen holzschnittartige und undifferenzierte Attacken aus dem Woke-Milieu protestiert und dadurch immer gestärkter hervortritt. Dass aus verbalen Einpeitschungen irgendwann auch Gewalttaten entstehen können, konnten wir in der Vergangenheit und können wir auch heute immer wieder beobachten.

Aus verbalen Verurteilungen und Empörungen ist längst ein einträgliches Geschäft geworden: medial, politisch, unternehmerisch. Es ist stark mit dem Selbstwertgefühl und damit auch mit dem gesellschaftlichen Engagement vieler Menschen verknüpft. Die verschiedenen Lager sind oft in unterschiedlichen Vereinen oder Bewegungen engagiert, die nicht selten in Opposition zueinander stehen. Und gerade das Engagement in solchen Organisationen und Bewegungen hilft, das eigene Selbstwertgefühl zu steigern und sich gut zu fühlen.

Womit wir wieder bei der egozentrischen Motivation sind. Nicht weit ist in diesem Zusammenhang auch der Kommerz, der sich vor allem in der Publizistik niederschlägt und an die Zeiten des Ablasshandels in der katholischen Kirche erinnert. Denn mit dem Erwerb des »richtigen« Buchs kommt auch das angenehme Gefühl, gut und richtig gehandelt zu haben, einen Beitrag für das soziale Gefüge oder den vermeintlichen Widerstand geleistet zu haben. Egal, wie realistisch der tatsächliche Beitrag ist, es fühlt sich entlastend an.

An erster Stelle steht das Gefühl. Und Gefühle sind in unseren aktuellen Debatten tonangebend. Nicht zuletzt geht es darum, dem Gefühl der eigenen Ohnmacht zu entkommen. Diesem nagenden Gefühl, nicht wirklich etwas an den Zuständen in diesem Land ändern zu können, weder im Hier und Jetzt, noch in der Zukunft. Der Ausweg: Mensch übernimmt eine Haltung, von der er glaubt, dadurch Anerkennung und Zugehörigkeit in der gewünschten Gruppe zu erlangen. Je fragiler das eigene Selbstbild, desto empfänglicher sind Menschen für das alte Konzept des Ablasshandels. Ein Konzept, das schon seit Jahrhunderten immer wieder erfolgreich eingesetzt wird.

Alles begann im Mittelalter. Um dem Fegefeuer zu entkommen, beichtete der christliche Mensch seinem Pfarrer seine sieben Todsünden. Also alles rund um Geiz, Hochmut, Wollust, Zorn, Völlerei, Neid und Faulheit. Ab dem vierzehnten Jahrhundert entwickelte sich allerdings ein Geschäft daraus. Jetzt konnten die Menschen je nach Geldbeutel den Ablass einfach käuflich erwerben. Der Hintergrund: Geldnöte der Kirche. Unter anderem wollte der Papst Leo X. den Petersdom renovieren lassen und benötigte hierfür Kapital. Ablassprediger wie zum Beispiel der Dominikanermönch Johann Tetzel entwickelten sogar Werbeslogans à la »Sobald das Geld im Kasten klingt, die Seele in den Himmel springt!« Frühes Marketing, made in Germany. Heute folgt Mensch stattdessen Anti-Rassismus-Gurus oder Identitären-Predigern, besucht ihre Seminare oder kauft sich ihre Publikationen, bis kein Platz mehr im Bücherregal ist. Je nach politischer Ausrichtung, aber stets der polarisierenden und skandalisierenden Stoßrichtung folgend, findet jeder Anschlusssuchende seine Erlösung – seinen käuflichen Ablass. Frei nach Tetzel: »Wenn ihr mir euer Geld gebt, dann werden eure toten Nazi-Verwandten nicht mehr in der Hölle schmoren, sondern in den Himmel kommen.«

5

Terror und Lady-Di-Effekt

Als ich begann, an diesem Kapitel zu schreiben, ereignete sich in Israel ein grauenhaftes Massaker, das von der palästinensisch-islamistischen Terrororganisation Hamas am 7. Oktober 2023 durchgeführt wurde – systematisch und auf unbeschreiblich grausame Art und Weise. Der Hamas, die von der EU, den USA und Israel als Terrororganisation eingestuft ist, gelang es, von Gaza aus die Grenzanlagen zum israelischen Territorium zu überqueren und vor allem Zivilisten auf sadistische Art und Weise zu ermorden, zu misshandeln, zu zerstückeln und als Geiseln zu verschleppen. Auf dem internationalen Rave-Festival *Supernova*, das am Anschlagstag noch im vollen Gange war, ging die Hamas auf Menschenjagd. Die Videos, die im Internet und in den Nachrichtensendungen veröffentlicht wurden, waren Aufnahmen, die die Hamas selbst aufgezeichnet hatte und der breiten Öffentlichkeit zugänglich machte. Wohl in der Annahme, dass die Menschen weltweit die Ermordung von Juden als nicht besonders beklagenswert erachten würden. Anders lassen sich die grausamen und mit Stolz zur Schau gestellten Bilder nicht erklären.

Und leider gaben die Reaktionen der Welt der Hamas recht. Es gab keine Anti-Hamas-Demos, über die berichtet wurde, nur ein paar vereinzelte Exil-Iraner, die mit Plakaten am Rande oder inmitten der sogenannten Pro-Palästina-Demos gegen die Hamas demonstrierten, fanden medial Erwähnung. Auf ihren Plakaten standen Slogans wie »Free Gaza from Hamas«, doch sie waren eindeutig in der Minderheit. Auf Demonstrationen in Europa, den USA und im sogenannten Globalen Süden gab es Demonstrationen, auf denen Slogans wie »Free the World from the Jews« zu sehen waren. Personen, die T-Shirts der ebenfalls islamistischen Hisbollah trugen, erklärten unverblümt und vor laufender Kamera, sie seien Anhänger dieser Organisation. Weder im linken noch im rechten Lager wurde der Anschlag eindeutig verurteilt. Der Ex-Parteichef der britischen Labour Party Jeremy Corbyn weigerte sich in der amerikanischen Pierce Morgan Show fünfzehn Mal, die Hamas als Terrororganisation zu bezeichnen:[14] Ein Talk wie ein Unfall.

Das alles ist auch nicht verwunderlich, wenn Mensch bedenkt, wie seit Jahrzehnten über palästinensisch-terroristische Organisationen gedacht und gesprochen wird und welche Unterstützung sie erfahren. So bezeichnete die linke amerikanische Queer-Theoretikerin Judith Butler bereits 2006 die Hamas als eine »progressive soziale Bewegung« und einen »Teil der globalen Linken«.[15] Die Hamas ist so »progressiv und sozial«, dass sie die Zivilbevölkerung für ihr ca. fünfhundert Kilometer langes Tunnelsystem als Schutzschild benutzt und die Verantwortung für die Verhältnisse in Gaza nicht bei sich sucht. Hamas-Funktionär Mousa Abu Marzouk sagte gegenüber dem Propagandasender *Russia Today:* »Wir haben diese Tunnel gebaut, weil wir keinen anderen Weg haben, um nicht zur Zielscheibe zu werden und getötet zu werden. (…) Jeder weiß, dass fünfundsiebzig Prozent der Menschen im Gazastreifen Geflüchtete sind. Verantwortlich dafür sind die Vereinten Nationen.«[16]

Auch die Neue Rechte bejubelte den Angriff der Hamas, auch auf deutschen Straßen. »Der neuen Angriffswelle der Hamas geht die völkerrechtswidrige Unterdrückung, die Besetzung und israelischer Massenmord voran«, hieß es da. Dazu posteten deutsche Neonazis auf ihrem Telegram-Kanal das Bild eines blutbefleckten Davidsterns und die Parole: »Israel mordet und die Welt schaut zu.«[17]

Inzwischen wissen wir, dass die Hamas diesen bestialischen Anschlag zwei Jahre lang vorbereitet haben soll.[18] Diverse Staaten, darunter die Türkei, Russland, China, Katar und allen voran der Iran, profitieren von öffentlich zur Schau getragenen Israelfeindschaft auf unterschiedliche Weise. Dass dieser Anschlag nicht nur mit einem wohlwollenden Blick aus dem verbündeten Lager betrachtet wird, sondern bereits im Vorfeld aktiv unterstützt wurde, darüber sind sich unterschiedliche Experten einig. Der ehemalige hochrangige Beamte im amerikanischen Finanz- und Außenministerium Matthew Levitt, der sich bei seiner Tätigkeit auf die Terrorismusbekämpfung konzentrierte, sagte *NBC News:* »Die Hamas könnte ohne die finanzielle Unterstützung, die Bereitstellung von Waffen und Ausbildung durch den Iran nicht ein Bruchteil der Gruppe sein, die sie ist – weder als politische, soziale oder religiöse noch als terroristische und militante Einheit.«[19] In der *Washington Post* hieß es aus amerikanischen Sicherheitskreisen, dass die Hamas-Leute aus dem Iran nicht nur Waffen erhalten haben sollen, sondern auch mithilfe des Iran ausgebildet worden seien.[20] »Der Führer der Hamas, Ismail Haniyeh, räumte im vergangenen Jahr in einem Interview ein, dass seine Gruppe siebzig Millionen Dollar an Militärhilfe aus dem Iran erhalten habe«,[21] heißt es weiter in dem Artikel.

Das Ergebnis all dieser zerstörerischen Bemühungen mündete darin, dass in kürzester Zeit nach israelischen Angaben mindestens eintausendvierhundert Zivilisten und Soldaten getötet wurden. Hinzu kamen viertausendeinhundert verletzte Menschen sowie zweihundertzwanzig Geiseln, die als Faustpfand für die Freilassung palästinensischer Gefangener in Israel dienen.

Als sich diese Tragödie ereignete, war ich aufgrund eines Handy-Diebstahls offline und ohne irgendwelche Verbindungen zu Social Media. Eine gute Freundin warnte mich vor, dass die Videos, die ich bei X oder TikTok und Instagram zu sehen bekommen werde, grausam und beschämend seien. Beschämend deswegen, weil es sich bei den Attentätern, wie bei meiner Freundin und mir, um Muslime handelte. Hinzu kamen wenige Stunden nach dem Überfall all jene Muslime, die die Attacke auf Israel bejubelten – im Netz wie auf den Straßen.

Als ich dann erfuhr, dass in Berlin-Neukölln zur Feier des Tages, wie in Gaza zuvor, das süße türkische/arabische Gebäck Baklava verteilt wurde, verwunderte mich diese Geste allerdings nicht wirklich. Berlin-Neukölln ist bundesweit für sogenannte Brennpunktschulen, mehrheitlich arabischstämmige Bewohner*innen und für regelmäßig stattfindende antisemitische Demonstrationen bekannt.

Begründet wurde der Schlag damit, dass Israel ein Apartheidstaat sei und die palästinensischen Gebiete besetze. Es wird seither viel behauptet und in Umlauf gebracht, was sich bei genauerem Hinsehen und bei Überprüfung als Desinformation und Propaganda entpuppt. Die Pro-Palästina-Demos mutierten daher schnell zu Anti-Israel- oder Pro-Kalifats-Demos. Menschen, die einfach nur solidarisch mit israelischen und palästinensischen Zivilisten und Opfern sein wollten, hatten große Schwierigkeiten, eine Demo zu finden, bei der sie guten Gewissens mitlaufen konnten. Versuche einer interreligiösen Kundgebung z. B. in München scheiterten vorrangig an der muslimischen Seite, weil die islamischen Akteure selbst dem islamistischen Spektrum angehörten. »Mit Anhängern der Muslimbruderschaft kann man nicht gegen Antisemitismus und den Terror der Hamas kämpfen«[22], hieß es vonseiten der Deutsch-Israelischen-Gesellschaft. Gerade weil die Hamas ein bewaffneter Ableger der 1928 im heutigen Ägypten gegründeten islamistischen Muslimbruderschaft ist. In Westen tritt die Muslimbruderschaft in der Regel legalistisch auf.

Der Druck auf die sogenannten Islamvereine wuchs in Deutschland schnell, nachdem es ihnen nicht gelang, den Terrorangriff klar zu verurteilen. Wer die Strukturen kennt, den hat das nicht verwundert. Denn die organisierten Islamvereine entstammen mehrheitlich wie die Hamas selbst der islamistischen Muslimbruderschafts-Ideologie. Sie teilt sich in militante und legalistische Gruppierungen auf. Die Geschichte und Betätigungsfelder sind nachzulesen in meinem Buch *Emanzipation im Islam*.

In der kurzen Zeit zwischen dem 7. Oktober und dem 1. November 2023 hat das Bundeskriminalamt mehr als zweitausend Straftaten in Deutschland registriert: Sachbeschädigung, Volksverhetzung und Landfriedensbruch. »Seit dem Beginn des Krieges in Nahost beobachte man bundesweit ein stark gestiegenes Meldeaufkommen judenfeindlicher Vorfälle. So gebe es im Alltag Anfeindungen am Arbeitsplatz, aber auch Markierungen an Wohnungen und Häusern, in denen Juden leben, werden registriert. Zudem erhielten Jüdinnen und Juden immer wieder Drohungen über Soziale Medien.«[23]

Dass gerade in Deutschland, im Land der systematischen Vernichtung der Juden, nur einen Monat vor dem Gedenktag des Novemberpogroms 1938 auf den Straßen laut »Tod den Juden« und auch arabische Rufe wie »Chaybar Chaybar yā Yahūd, jaysh-i Muḥammad sawf-a ya'ūd«[24] gerufen werden konnte, dass Häuser und Geschäfte als Drohgeste mit Davidsternen bemalt wurden, ist mehr als erschreckend. Teilweise erinnerten die Bilder an die Aufmärsche der SA. Es mutet an wie ein billiger und schlechter Remake-Film, doch die aggressiven, mehrheitlich männlichen jungen Krawallmacher meinen es todernst. Bei manchen Märschen fanden sich auch weibliche Teilnehmerinnen. Wer einfach nur seine Trauer, Betroffenheit und Solidarität mit palästinensischen Familienmitgliedern, Freunden oder Bekannten auf der Straße kundtun wollte, hatte Schwierigkeiten, Demos zu finden, die ohne antisemitische Aggressionen und Sprechchöre auskamen. Aber es gab sie. Manche Demos wurden wegen vorheriger Straftaten verboten. Das erzeugte bei einem großen Teil der muslimischen Bevölkerung Frust, Enttäuschung und auch das Gefühl, dass das Leid von Palästinensern keinen Platz im deutschen öffentlichen Raum hätte. Es gab schnell viel Unverständnis, Ignoranz und fehlende Kommunikationsfähigkeit sowohl auf der Seite der deutschen Politik als auch auf der Seite der Pro-Palästina-Demonstrant*innen, wo sich alle möglichen Gruppen zusammenfanden: eine Mischung aus politischer Querfront, Muslimen und anderen Gruppen. In der arabischsprachigen Deutsche-Welle-Sendung *Jaafar Talk* brachte der Moderator Jafaar Abdul Karim einen Vertreter der Palästinenser mit einer Sprecherin der Berliner Polizei zusammen, um unter anderem über Falschinformationen aufzuklären, die schnell in Deutschland die Runde machten. So erklärte die Kriminaloberrätin und Pressesprecherin der Polizei Berlin Beate Ostertag im Gespräch: »Die Versammlungsfreiheit und Meinungsfreiheit sind Grundrechte, die sehr wichtig sind und die wir als Polizei schützen. Aber wir leben in einem Rechtsstaat, und insofern gibt es auch Regeln, wie wir solche Versammlung durchführen. Und die lauten, die sind friedlich durchzuführen … Verbote immer dann, wenn wir die unmittelbare Gefahr sehen, dass auf solchen Versammlungen Antisemitismus zu sehen und zu hören ist, Gewaltverherrlichung, Gewaltbilligung, Aufrufe zu Gewalt und auch ein bedrohliches Verhalten, was andere einschüchtert.«[25] Auch was die vermeintlich verbotenen Symbole angeht, bringt sie Licht ins Dunkel, als der Moderator wissen will, wie es dazu kommt, dass Palästinaflaggen von der Polizei einkassiert werden. »Die Teilnahme an einer verbotenen Versammlung ist verboten, und wenn ich mit einer Fahne zu diesem Platz gehe, dann erweckt das den Anschein, dass ich an einer verbotenen Versammlung teilnehme, und das ist ordnungswidrig im Land Berlin. Und ein Nachtrag noch, was sich auch hält, das sogenannte Palästinensertuch Kufiye. Auch das ist nicht verboten in Versammlungen, verboten ist es, sich zu vermummen, und wenn solches Tuch um Mund und Nase getragen wird, dann wäre es geeignet, sich zu vermummen, um über die eigene Identität zu täuschen und eine Straftat unter diesem Deckmantel zu begehen.«[2]

Gerade die Themen Flagge und Tuch haben die Emotionen hochkochen lassen, die dann von Influencern instrumentalisiert wurden. Diese Leute brachten zahlreiche Falschnachrichten in Umlauf, was ihnen zwar maximale Aufmerksamkeit und Follower brachte, aber die ohnehin schon aufgeheizte Lage weiter eskalierte und noch mehr Emotionen wie Wut und Verbitterung verstärkte. Dabei handelte es sich zum Teil um Politiker und Pädagogen, die in ihrer Funktion viel Verantwortung tragen, aber hier weder ein Vorbild für junge Menschen waren noch zur Aufklärung beitrugen. Ihr ignorantes Verhalten, das allein dem Anheizen der Empörung und der Mobilisierung diente, zeigt exemplarisch, wie Spaltung, Hass und Hetze gefördert wird. Diese Menschen folgen einzig und allein ihrer eigenen Wut im Bauch und verfallen in ein infantiles und unreifes Verhalten, nicht zuletzt gepaart mit dem tiefen Wunsch, gesehen zu werden und den nächsten Dopamin-Kick zu spüren. Wer dabei alles unter die Räder kommt und welch negative Auswirkung das langfristig auf unser Zusammenleben und unsere Demokratie hat, ist diesen Menschen, flapsig gesagt, schnurzpiepegal.

Purer Aktionismus stand wiederum hinter einem Schreiben der Berliner Senatsverwaltung, das prompt die nächste Empörungswelle auslöste. In diesem Brief an alle Schulleitungen wurde u. a. mitgeteilt, dass das Palästinensertuch, die Kufiya, und »Free Palestine«-Anstecker als Störung des Schulfriedens verboten werden können.[27] Teile der Berliner SPD, der Landeselternausschuss, aber auch Eltern aus Neukölln äußerten in einem offenen Brief Kritik an der Maßnahme. Unterzeichnet war das Schreiben, das von der Verwaltung eine Woche vor Beginn der Herbstferien an alle Schulen verschickt wurde, von der Bildungssenatorin Katharina Günther-Wünsch (CDU). Es gehe darum, so Günther-Wünsch, »Störungen des Schulfriedens« zu vermeiden und »jede demonstrative Handlungsweise oder Meinungsäußerung, die als Befürwortung oder Billigung der Angriffe gegen Israel oder Unterstützung der diese durchführenden Terrororganisationen wie Hamas oder Hisbollah verstanden werden kann«, zu untersagen. Ziel sei es auch, den Schulleitungen in Bezug auf den Nahost-Konflikt mehr Sicherheit zu vermitteln.

Die ohnehin überlasteten Lehrer*innen, die sich schon länger angesichts von Überlastung und desaströsen Schulzuständen im Stich gelassen fühlen, waren nicht in der Gesamtheit begeistert von diesem Schreiben. Letztlich werden mit den vorgeschlagenen Maßnahmen die Konflikte auf dem Schulhof und in den Klassen nicht aus der Welt geschafft.

Ausgang der Eskalationsspirale? Ungewiss! Nur eines ist gewiss: Lange kann eine laute und dauerempörte und wütende Gesellschaft eine solche Eskalation nicht aushalten, ohne dass es zu einem gewaltigen Knall kommt. Aber dazu mehr im nächsten Kapitel. Vorher wollen wir uns noch ansehen, was die bundesweiten und weltweiten Pro-Palästina-Demonstrationen mit einem Phänomen zu tun haben, das auf den Tod von Lady Diana zurückgeht.

Erst Antidemokraten gratulieren, dann sich über Antidemokraten wundern

Zwei Tage nach dem Terroranschlag verkündete Bundespräsident Frank-Walter Steinmeier: »Wir können es nicht dulden, wenn auf offener Straße versucht wird, die brutalen Attacken auf Israel auch noch zu feiern.« Und er fügt hinzu: »Wer diesen Terror bejubelt, der entwürdigt nicht nur die Opfer, der tritt auch die Menschenwürde und unsere deutsche Verfassung mit Füßen.« Und: »Solches Verhalten entsetzt mich, es widert mich an.«[28] Gleichzeitig bekräftigt Steinmeier, dass Israel ein Recht darauf habe, sich und sein Volk zu verteidigen, und dass auch Deutschland »nun besonders wachsam« sein und »das jüdische Leben in unserem Land schützen« müsse.[29]

Es fällt sehr schwer, an dieser Stelle nicht selbst angewidert zu sein. Denn wenn gerade Steinmeier betont, dass wir in Deutschland besonders wachsam sein sollten und jüdisches Leben in diesem Land schützen müssen, dann entbehrt es nicht einer gewissen bitteren Ironie, dass jener Steinmeier sich im Jahr 2017 vor dem Grab von Jassir Arafat verneigte. Für diejenigen, die sich nicht mehr erinnern: Arafat war Mitbegründer der palästinensischen Guerillaorganisation Fatah und Vorsitzender der terrorfinanzierenden PLO. Jener Organisation, zu der auch Abu Daoud gehörte, der Drahtzieher des grausamen Münchner Olympia-Attentats im Jahr 1972.[30] Bei dem Anschlag wurden damals elf israelische Olympioniken erst als Geiseln genommen und dann grausam getötet. In jenem Land, wo gerade einmal drei Jahrzehnte zuvor deutsche Nazis millionenfach Juden aus Europa sowie Osteuropa und Nordafrika vernichtet hatten. Auch wenn bislang umstritten ist, ob Arafat den Befehl zu dem Olympia-Attentat gab: Steinmeier huldigte 2017 einem Mann, dessen Terrororganisation auf deutschem Boden erneut jüdisches Leben auslöschte. Arafat erhielt 1993 gemeinsam mit dem damaligen israelischen Premierminister Jitzhak Rabin und Außenminister Shimon Peres zwar den Friedensnobelpreis für das Osloer Friedensabkommen, dennoch brachen später viele europäische Diplomaten mit ihm den Kontakt ab. Es war dokumentiert worden, »dass Arafat die Angehörigen von Selbstmordattentätern finanziell alimentiert«[31] hatte. Es war auch Steinmeier, der 2019 »auch im Namen meiner Landsleute«[32] dem iranischen Mullah-Regime zum Jahrestag der Islamischen Revolution gratulierte, das 1979 nicht nur sofort die diplomatischen Beziehungen zu Israel kappte, sondern zahlreiche Iraner*innen ins Exil trieb und heute noch immer Frauen, Homosexuelle und Andersdenkende unterdrückt. Ein Regime, das in seiner Hauptstadt Teheran eine große Uhr stehen hat, die seit 2017 die Tage bis zur Zerstörung Israels im Jahr 2040 herunterzählt. Zurück geht dieses Datum auf Ayatollah Ali Khamenei, den Obersten Führer des islamistischen Regimes.

Die Islamische Republik ist auch durch Moscheegemeinden in Deutschland präsent, darunter das IZH in Hamburg, welches das Islamverständnis des Mullah-Regimes hierzulande nicht nur vertritt, sondern auch verbreitet. »Das seit Jahrzehnten vom Verfassungsschutz beobachtete IZH gilt als verlängerter Arm des iranischen Regimes, das der Hamas zu ihrem Angriff auf Israel an jenem Samstag gratulierte und diesen als ›Wendepunkt in der Fortsetzung des bewaffneten Widerstands‹ bezeichnete«, so die *Süddeutsche Zeitung*.[33]

Antisemitische Propaganda fällt nicht vom Himmel, und so braucht sich niemand zu wundern, wenn aus den entsprechenden Kreisen Freude über den Terrorangriff laut wird.

Und Deutschland ist dabei ja auch wahrlich kein Einzelfall, wie die Nachrichten aus aller Welt zeigen. Als in Berlin-Neukölln das süße Gebäck Baklava zur Feier des Tages gratis verteilt wurde, hatte mich das leider, wie bereits geschrieben, wenig gewundert. Eigentlich hat es niemanden gewundert, der oder die sich beruflich mit dem Themenfeld beschäftigt. Das Ausmaß des Hasses und das damit vor sich hergetragene Selbstbewusstsein lässt einen allerdings etwas ratlos zurück. Gerade die Mobilisierung in den Sozialen Medien trägt dazu bei, dass Junge wie Alte sich zu Demonstrationen zusammenfinden. Ob in London, Amsterdam, Sydney, New York, Paris, Ankara oder Istanbul. In Amman, Tunis, Kairo, Casablanca, Damaskus, Bahrein oder in Najaf im Irak, Jakarta in Indonesien oder auf der Westbank, wo Demonstrierende sogar Plakate mit den Konterfeis von Wladimir Putin und dem nordkoreanischen Diktator Kim Jong-un zeigten. Das Ziel all dieser Demonstrationen ist nicht Demokratie, sondern Despotie, egal ob religiös oder areligiös begründet. In einem Bürgerkriegsland wie dem Jemen, in Sanaa, bejubelten zahlreiche Menschen den Terror.[34] Letztendlich bejubeln sie ihre eigenen Peiniger, die ihr Land im Krieg halten.

Demonstrierende Menschenmassen weltweit brüllen, schreien und beweinen das Leid der Palästinenser*innen, während sie mit Plakaten und Bannern in den Händen durch die Straßen ziehen. Das ist es, was öffentlich suggeriert wird. Demgegenüber scheint die Zahl derer, die weltweit auf die Straße gehen, um öffentlich Solidarität mit den ermordeten Juden in Israel zu üben, geradezu lächerlich. Im Zuge dieser Demonstrationen wird von einem jahrelangen Genozid an den Palästinensern schwadroniert. Ein Genozid, in dessen Verlauf sich die Zahl der Palästinenser*innen verdreifacht hat? Solche Aussagen sind an Augenwischerei nicht zu übertreffen, auch wenn nicht zu bestreiten ist, dass diese Menschen angesichts der Zustände, unter denen sie leben, auch schon vor dem Krieg mehr als bemitleidenswert waren. Das heutige Elend macht auch mich fassungslos. Und selbstverständlich ist es das gute Recht jedes Menschen, zivile Opfer zu betrauern.

Manche wiederum behaupten, die Palästinenser*innen würden dämonisiert und hätten keine andere Möglichkeit, um Solidarität zu zeigen, als diese Demonstrationen. Schließlich stünden alle Staaten auf der Seite Israels. Das Gegenteil ist der Fall. Der Mehrheit der Weltgemeinschaft steht aufseiten der Palästinenser*innen, und sei es auch nur vorgeschoben, um die eigenen Interessen voranzutreiben. Manche Staaten rufen gegenüber Israel sogar den Krieg aus, der Jemen zum Beispiel, oder beenden ihre diplomatischen Beziehungen, wie Bolivien. Hinzu kommt, dass die Sicherheitslage weltweit so prekär ist, dass Reisewarnungen für Bürger*innen ausgesprochen werden, während in Deutschland jüdische Kinder zeitweise aus Sorge um ihre Sicherheit weder in Kindergärten noch in die Schulen geschickt wurden.

Wer in diesem Zusammenhang Antisemitismus mit Islamophobie oder, wie es neuerdings heißt, antimuslimischem Rassismus gleichsetzt, verkennt die Gefahr, die nicht von allen, aber von zu vielen Muslimen ausgeht – mit Duldung oder gar Zustimmung von Menschen anderer Konfessionen oder Atheisten. Auch, weil viele Nicht-Muslime die Behauptung teilen, die der palästinensische Botschafter in Algerien Fayez Abuaita im saudischen Nachrichtensender *Al-Arabiya* sagte: dass nämlich die Juden der Weltgemeinschaft mit ihrer historischen Opferrolle Kopfschmerzen bereiten: »Sie unterdrücken, töten und verbrennen in einem viel größeren Ausmaß als das, was den Juden in Europa angetan wurde.«[35]

Es handelt sich hier um eine bewusste, auch durch Medienbilder und Propaganda beeinflusste Parteinahme. Das wurde auch immer wieder deutlich bei Schulworkshops zum Gaza-Israel-Konflikt, die z. B. die palästinensischstämmige Workshopleiterin Jouanna Hassoun beobachtete. Die Jugendlichen erzählen selbst, dass sie meist einseitige Bilder vermittelt bekommen. Wenn dann auch noch in den Familien ein einseitiges und womöglich faktenfreies Narrativ vorherrscht, prägt das die Wahrnehmung.

Bei all dem Fahnenschwenken mit mangelndem Hintergrundwissen muss allerdings eines festgestellt werden: Den meisten Pro-Palästina-Demonstranten geht es nicht um die Palästinenser. Denen helfen solche aggressiven Demonstrationen ja auch in keiner Weise weiter. Ganz im Gegenteil, sie erzeugen wenig Empathie. Vielmehr stellt diese Art der Proteste in vielen nicht-demokratischen Staaten die einzige Möglichkeit dar, den Unmut über das eigene Leben kundzutun. Der eigenen Wut, der Empörung, der Trauer und persönlichen und unverarbeiteten Traumata einen Raum zu geben. Gegen einen korrupten und dysfunktionalen Staat kann sonst nie auf die Straße gegangen werden, ohne dabei eine Verhaftung zu riskieren. Und so kommt es zu Ersatzhandlungen, auch in Form von Pro-Palästina-Demonstrationen. In vielen Staaten werden derartige Demonstrationen auch deshalb geduldet, weil sie ein willkommenes Ventil, eine Art Blitzableiter darstellen. Gerade, weil die Anti-Israel-Politik Teil der Staatsräson ist. Der Feind befindet sich praktischerweise im Außen, und das sichert die Position der Machthaber. Für die Demonstrierenden wiederum bietet sich die perfekte Gelegenheit, den persönlichen Frust auszuleben und der Trauer und den Tränen freien Lauf zu lassen, ohne

Repressalien durch den Staat zu befürchten. Womit wir beim Fremdweinen sind.

Was verraten Tränen?

Beim sogenannten Fremdweinen handelt es sich um eine Form der Katharsis, die die wenigsten in diesem Zusammenhang erwarten würden. Schauen wir uns das einmal genauer an. Der Begriff »Katharsis« kommt aus dem Altgriechischen und bedeutet »Läuterung« oder »Reinigung«. Wenn innere Konflikte und verdrängte Emotionen ausgelebt werden, führt das zur Reduktion der belastenden Gefühle und Spannungen. Dabei muss gar nicht immer der *eigene* Konflikt konkret zum Ausdruck gebracht werden.

Das wird besonders deutlich im Falle des Fremdweinens, das in besonders dramatischer Form 1997 nach dem Tod von Lady Diana beobachtet wurde. Man spricht heute tatsächlich von einem *Princess Diana Effect* bzw. Lady-Di-Effekt.

Auch wenn nichts von den Pro-Palästina-Protesten royale Klasse aufweist, sind sie für viele, die selbst biografische oder emotionale Bindungen zur Nahost-Region haben, eine willkommene Gelegenheit, persönlichem Schmerz, Traumata, Kränkungen oder gar Missbrauchserfahrungen auf der Straße oder privat in einer größeren Runde bzw. Gemeinschaft Ausdruck zu verleihen. Selbst bei Männern, die in einem archaisch-patriarchalen Umfeld sozialisiert worden sind und leben, werden die öffentlichen Tränen nicht geächtet. Im Gegenteil, sie führen zur Anerkennung in der sozialen Gruppe, für die die Sache der Palästinenser eine politische und/oder religiöse Bedeutung hat.

Hierzu noch einmal zurück zum Lady-Di-Effekt: Für die unterschiedlichsten Personen gibt es Stellvertreter-Anlässe, unterdrückte Gefühle zum Ausdruck zu bringen. Ich erinnere mich noch gut an das Ende der Sommerferien 1997. Am Vortag waren wir in Paris angekommen, wo in der Nacht die Mutter des heutigen Thronfolgers Prinz William, Lady Diana, gemeinsam mit ihrem ägyptisch-britischen Freund Dodi Al-Fayed bei einem tragischen Autounfall ums Leben kam.

Meine Generation ist mit den Schlagzeilen um Lady Di und ihren Ex-Ehemann, den heutigen König Charles (damals Prince of Wales), aufgewachsen. Ob im Fernsehen, im Wartezimmer einer Arztpraxis oder in der Boulevardpresse, überall konnte Mensch Meldungen über die neuesten Skandale, Affären und Tragödien lesen, hören oder sehen. Und nicht wenige Menschen konnten sich mit Diana und ihrem Unglück identifizieren. Hinzu kam, dass sie sich regelmäßig für Kranke, Arme und Ausgestoßene engagierte und auch außerhalb Großbritanniens durch ihren Einsatz gegen Landminen eine wichtige Rolle spielte. Vielen galt sie als die »Prinzessin der Herzen«. Alle Welt kannte sie, bemitleidete sie, viele vergötterten sie.

Entsprechend groß war der Schock über den Unfall. Doch was ich in Folge der Todesmeldung zu sehen bekam, versetzte mich in Staunen. Ich machte gerade mein Bett, als meine Mutter mein Zimmer betrat und mir berichtete, dass Diana gestorben sei. Ich ging ins Wohnzimmer, sah die Bilder und war baff. Fasziniert und ratlos verfolgte ich in den darauffolgenden Tagen die Berichterstattung und die immer neuen Spekulationen über die Unfallnacht. Das Blumenmeer, das sich in London vor dem Buckingham Palace ausbreitete, und die Trauer der Menschen waren beeindruckend.

Doch mehr als das: Ausgerechnet diese Trauer hatte offenbar in Großbritannien konkrete Folgen im medizinischen Bereich! Die Überweisungen von schwer Depressiven in psychiatrische Kliniken gingen um fünfzig Prozent zurück. Bei einer Untersuchung von »Specialty Care«, dem Verband psychiatrischer Kliniken, stellte sich heraus, dass diese Form von kollektiv ausgelebter Trauer wie ein Blitzableiter fungierte. Daraus ergab sich die Bezeichnung »Princess Diana Effect«. Professor Janet Sayers schrieb in der Fachzeitschrift *The Psychologist* über die Wirkung des »Diana-Effekts«: »Viele Menschen waren von dem Tod Dianas und den Gefühlen, die er aus ihrem eigenen gegenwärtigen und vergangenen Leben an die Oberfläche brachte, einfach überwältigt.« Und weiter: »Dieser Effekt war so nachhaltig, dass die Reaktion der Nation zum Auslöser für einen tiefen Sinneswandel wurde. Die Menschen betrachteten sich wieder als Teil einer Gemeinschaft, sie fanden aus ihrer Vereinzelung heraus. Sie öffneten sich ihren Mitmenschen, sprachen sich aus, teilten ihre Gefühle mit anderen und rannten offene Türen ein.«[36]

Eine solche Dynamik kann sich unterschiedlich äußern. Die einen weinen ergriffen bei Filmen oder in Gottesdiensten. Andere waren tief betroffen, als sie vom Selbstmord des Torwarts Robert Enke 2009 erfuhren. Damals versammelten sich vierzigtausend Menschen im Stadion von Hannover, um den Fußballstar zu betrauern. Auch das Ableben des kleinen Berliner Eisbären Knut ergriff unzählige Menschen. Jeder findet etwas oder jemanden, bei dem er sich dem Fremdweinen widmen kann. Nach Ansicht von Fachleuten ist diese Stellvertretertrauer bzw. das Fremdweinen auch ein Indiz dafür, dass die Menschen das richtige Trauern verlernt haben.

Gleichzeitig gibt es Familien, Gemeinschaften oder auch ganze Gesellschaften, in denen es nicht erwünscht ist oder gern gesehen wird, wenn sich Menschen mit den eigenen Problemen und Konflikten trauernd beschäftigen. Tatsächlich wird eine solche Beschäftigung hier und da sogar bekämpft, weil sie etwas aufdecken könnte, was im Verborgenen bleiben soll, z. B. im Fall von sexuellem Missbrauch in Institutionen oder Familien. In solch einem Umfeld läuft es dann so ab, dass Mensch seinen ganzen verborgenen Schmerz auf das Ableben oder die Tragödie einer öffentlichen Figur oder eines ganzen Volkes projiziert. Geschieht dies kollektiv, dann kann sich die Person sogar im Verbund mit Gleichgesinnten endlich selbst beweinen.

Diese Dynamik ist wichtig zu erkennen, denn sie kann missbraucht werden für propagandistische Bilder und eine Mobilisierung, die am Ende der Gesamtgesellschaft und der Demokratie schadet. Dies ist der Fall, wenn ein kollektives Narrativ der vermeintlichen Unterdrückung erzählt wird, das dazu dient, antidemokratische und auch terroristische Bewegungen zu mobilisieren.

Aus der Erkenntnis solch einer Dynamik muss das Handeln folgen: Es muss gesamtgesellschaftlich gelingen, Räume zu schaffen, in denen Menschen über ihre mentalen und psychischen Probleme sprechen und auch behandelt werden können, ohne dass sie darauf angewiesen sind, stellvertretend polarisierende Diskussionen und Anschuldigungen vom Zaun zu brechen, die weniger mit der Gesamtgesellschaft zu tun haben, als mit dem betroffenen Absender selbst. Wir müssen als Gesellschaft früh erkennen, wo ein Missbrauch der Meinungsfreiheit vorliegt und wann durch das Ausnutzen unterdrückter Emotionen eine gefährliche Bewegung mobilisiert werden kann. Wachsamkeit ohne Panikmache ist angesagt!

6

Wo Kränkung die Freiheit gefährdet

Wenn wir darüber nachdenken, was Freiheit und Demokratie bedrohen, gefährden oder abschaffen kann, dann denken die meisten je nach politischem Lager an Rechtsextreme, Islamisten oder Linksextreme. Diese Gruppen gefährden unsere freiheitlich-demokratische Grundordnung; sie verfolgen antidemokratische und diktatorische Modelle, die sich nur mit Blick auf die Details der jeweiligen Ideologie und ihre Feindbilder unterscheiden.

Im Prinzip stehen derartige Gruppierungen einander feindlich gegenüber, sie können allerdings auch zusammenarbeiten. Für die Mehrheit der Bevölkerung sind die Ergebnisse in jedem Fall eher bedrohlich als befreiend. Wie ein rechtsextremer Staat aussieht, haben wir spätestens im Geschichtsunterricht gelernt. Andernorts herrschten und herrschen (siehe China oder Nordkorea) kommunistische bzw. laut Verfassung sozialistische Modelle. Und wie islamistische Staatsgebilde aussehen, können wir an der Islamischen Republik Iran oder in Afghanistan beobachten.

Freiheitliche Demokratien sind keine Selbstverständlichkeit, auch wenn sie uns manchmal politisch und gesellschaftlich viel abverlangen. Mal mehr, mal weniger, wohlgemerkt. Sir Winston Churchill, langjähriger britischer Premierminister, der sein Land erfolgreich durch den Zweiten Weltkrieg gegen Hitlers Drittes Reich führte, sagte 1947, zwei Jahre nach dem Ende des Krieges in einer Parlamentsrede: »Die Demokratie ist die schlechteste aller Regierungsformen – abgesehen von all den anderen Formen, die von Zeit zu Zeit ausprobiert worden sind.«

Demokratie und Freiheit sind wichtige Gründe, warum so viele Menschen aus den unterschiedlichsten Regionen der Welt Europa bzw. westliche Demokratien als Ziel für ihr Leben haben. Länder also, in denen es nicht nur Wohlstand und einen Sozialstaat gibt, sondern auch Bildung, Religions- und Meinungsfreiheit und Demonstrationsrecht. Länder, in denen Menschen sich sowohl zivilgesellschaftlich als auch politisch oder gewerkschaftlich engagieren können, ohne politisch verfolgt zu werden. Das alles unabhängig von der Frage nach ethnischer oder religiöser Zugehörigkeit. In keinem anderen Modell ist diese Bandbreite an Entfaltungsmöglichkeiten gegeben.

Zu den Orten, die Auswanderer wählen, gehören die USA genauso wie Kanada oder Australien. Viele Geflüchtete wiederum nehmen regelmäßig unsichere Fluchtrouten zu Fuß oder auf See auf sich, um nach Europa zu kommen. Dass Demokratie allerdings kein Geschenk von Gottes Gnaden ist und immer im Blick behalten werden muss, darauf wiesen unter anderem die beiden Harvard-Professoren Steven Levitsky und Daniel Ziblatt 2018 hin. »Wenn die Zusammenbrüche von Demokratien in der Geschichte uns eines lehren, dann, dass extreme Polarisierung für Demokratien tödlich sein kann. Es gibt also Anlass zur Sorge.« Wenn Mensch sich dabei noch an die leicht snobistischen Worte von Churchill erinnert, der einmal sagte: »Das beste Argument gegen die Demokratie ist ein fünfminütiges Gespräch mit dem Durchschnittswähler«,[37] dann wird einmal mehr deutlich, dass die Mehrheit diesen Staat stemmen muss und antidemokratischen Auswüchsen keinen Raum geben darf.

Politische Bildung ist hierbei essenziell und darf nicht vernachlässigt werden. Junge Menschen müssen befähigt werden zur Demokratie. Nicht ohne Grund haben z. B. Islamisten früh erkannt, dass junge Menschen an das Modell eines islamistisch geführten Staats früh herangeführt werden müssen. Nicht nur, dass ihnen das Märchen vermittelt wird, Gerechtigkeit auf Erden sei nur unter einer islamischen Führung möglich und der Islam halte für alle Probleme eine perfekte Lösung parat. Wer darauf verweist, wie unterdrückerisch all diese islamischen Staaten sind, hört die gleichen Ausreden wie von überzeugten Kommunisten, Sozialisten und Marxisten, nämlich, dass die Menschen die Ideologie bzw. Staatsform nicht ideal umsetzen: Menschen seien nun einmal fehlerhaft, und nur Allah sei vollkommen.

Ein entscheidender Aspekt, der allerdings bei der Auseinandersetzung mit der Gefährdung und Abschaffung der Demokratie ganz klar nicht im Blick ist und dadurch vernachlässigt wird, ist die Kränkung des Individuums. Allen voran die Kränkung jener polarisierender Lauten in unserer Gesellschaft, die zig Werkzeuge zur Hand haben, um ihre

Kränkungen destruktiv und zu unser aller Schaden zum Ausdruck zu bringen. Die vernünftigen Stillen machen nicht selten ihre Kränkungen mit sich selbst aus, behandeln sie oder finden andere Ventile, um diese zu überwinden oder zumindest nicht anderen Menschen zum Schaden werden zu lassen. Sie missbrauchen nicht die Meinungsfreiheit für ihre persönlichen Konflikte und Kränkungen.

Wie wir miteinander kommunizieren und auch streiten, ist dabei ein nicht zu unterschätzender Faktor. Polarisierung kann aufrütteln, kann auf Missstände aufmerksam machen. Allerdings nicht um jeden Preis und schon gar nicht als Allheilmittel. Wenn in Nachrichtenmedien mit dem Ziel hoher Auflagen oder Einschaltquoten bzw. möglichst vieler Klicks ständig alles skandalisiert wird, dann ergeht es ihnen irgendwann wie den Menschen, die ständig flunkern oder Dinge größer erscheinen lassen, als sie sind. Wenn sie dann doch einmal die Wahrheit sprechen oder eine unaufgeregte Nachricht zu erzählen haben, glaubt Mensch ihnen entweder nicht oder schenkt der Meldung keine Beachtung.

Anlässlich der Verleihung des Friedenspreises des Deutschen Buchhandels 2023 an den britischen Schriftsteller Salman Rushdie unterstrich der Preisträger die Bedeutung der Meinungsfreiheit. Rushdie ist indisch-muslimischer Herkunft und hat seit Erscheinen seines Romans *Die satanischen Verse* im Jahr 1988 einen hohen Preis gezahlt für das Recht auf Meinungs- und Kunstfreiheit wie auch das Recht, frei von Religion leben zu dürfen. In der Frankfurter Paulskirche betonte er in seiner Rede, dass die Meinungsfreiheit auch dann verteidigt werden muss, wenn sie die Gesellschaft und damit uns als einzelne Bürger beleidigt. Schlechten Reden müsse mit besseren Reden und mit besseren Argumenten begegnet werden. Ich finde, dies ist zu unterstützen; es setzt aber voraus, dass wir Menschen in großer Zahl haben, die sich nicht wegen jeder verbalen Entgleisung gekränkt und beleidigt fühlen und darauf womöglich sogar mit Gewalt reagieren, sondern die in der Lage sind, rational zu argumentieren. Nur wer über die Fähigkeit zur Nüchternheit verfügt, ist in der Lage, mit einer besseren Gegenrede zu »glänzen«. Diese Fähigkeit ist aber weithin verloren gegangen und höchstens noch unter jenen vernünftigen Stillen verbreitet, die wir in der Öffentlichkeit selten bis gar nicht wahrnehmen und beinahe mit der Lupe suchen müssen. Umso wichtiger und dringlicher wäre es, dass genau diese Menschen endlich aus der Reserve gelockt werden.

Stattdessen verfallen viele aktuell in *Whataboutism*. Will sagen: Statt auf das Argument des Gegenübers einzugehen, wird in aufrechnender Weise auf ein anderes Problem hingewiesen und damit von der inhaltlichen Diskussion abgelenkt.

Hinzu kommt noch das Problem, dass jene, die sich für antidemokratische Bewegungen und Ideologien begeistern, gar nicht an einem echten Austausch oder gar an der Meinung des Gegenübers interessiert sind. Sie ertragen in der Regel keine Gegenrede, und es gelingt ihnen auch nicht, Diskussionen sportlich zu nehmen. Ihnen geht es immer um alles oder nichts. Sie teilen die Welt in Feinde und Freunde ein, und Feinde müssen dementsprechend bekämpft werden.

Mit solch einer Einstellung lässt sich aber kein Austausch auf Augenhöhe führen. Noch weniger werden auf diese

Weise Ideen entwickelt, die eine Gemeinschaft bestärken und fördern können. Hier steht allein die Gegnerschaft, die Polarisierung im Vordergrund. In der Social-Media-Sprache gesprochen: ein andauernder Shitstorm, der immer wieder neu angefacht wird und der die immer gleichen oder neue Brandstifter benötigt, um weiterzubrennen, bis die Sache völlig eskaliert, auch in der Offline-Realität.

Allein die Lauten sind sich ihrem machtvollen Gefühl sicher. Zum Schaden einer Gesellschaft, die vor allem die vernünftigen Stillen unsichtbar macht, die in der Lage zur gewaltfreien Kommunikation sind. Stattdessen werden immer mehr von ihnen in die Passivität gedrängt. Dass diese vernünftigen Stillen aus ihrer Passivität herauskommen müssen, sollte ihnen langsam bewusst werden. Denn auch sie gehören zu dieser Gesellschaft, die von negativen Einflüssen und Demokratiezerfall betroffen ist. Gerade ihr Umgang mit eigenen Kränkungen kann Vorbild für jene sein, die in der Spaltung der Gesellschaft ihre Heilung erhoffen bzw. darin ein Ventil gefunden haben. Denn gerade die Stillen haben meist bessere Strategien gefunden.

Die psychologische Großmacht

Kränkungen treten vielfältig auf. Für die von Kränkungen Betroffenen steht das eigene Gefühl von Hilf- und Wehrlosigkeit im Mittelpunkt. Auch Fassungslosigkeit gehört dazu. Selbstwirksamkeit entwickeln, Dinge autonom in die eigene Hand nehmen und eigenständig eine Besserung erreichen, ohne dabei andere zu erniedrigen – das können nur Menschen, die sich bestimmten Mechanismen bewusst entziehen und z. B. nicht zu intensiv im Medienbetrieb unterwegs sind. Denn dort tummeln sich jede Menge narzisstische Menschen, die zwar charismatisch daherkommen, aber alles andere als angenehme Zeitgenossen sind.

Durch die Kränkung sind das Selbstbild und das Selbstwertgefühl stark verletzt. Der Psychiater und Gerichtsmediziner Prof. Reinhard Haller spricht sogar davon, dass die Kränkung die Bedeutung einer psychologischen Großmacht hat. Sie sei stärker als Ärger und Unzufriedenheit, nachhaltiger als Zorn und Wut, folgenschwerer als Frustration und Trauer. Sie stachelt Amokläufer und Terroristen an und motiviert Kriegstreiber und Diktatoren. Selbst Wirtschaftsbeziehungen leiden unter Kränkungen, und wer schon einmal auf dem Flohmarkt oder auf dem Basar versucht hat zu handeln oder zu verkaufen oder eben nicht die angepriesenen Waren zu kaufen, kennt hartnäckige und aufdringliche Käufer bzw. Verkäufer und hat eine Vorstellung davon, wie sich Kränkung äußern kann.

Wenn wir uns nun vorstellen, dass durch die persönliche und nicht überwundene Kränkung andere erst abgewertet und dann bekämpft werden, dann bekommen wir meines Erachtens auch eine Vorstellung davon, wie sich Cancel Culture, Shitstorms und andere Formen von Polarisierungsstürmen entwickeln und entfalten. Die vielfältige Dauerbeschallung durch Polarisierung führt erst zu einer Spaltung, dann zu einer Gefährdung unserer Gesellschaft und kann, wenn nicht entgegengearbeitet wird, Demokratie und Freiheit gefährden. Wir können die Spirale von immer wiederkehrender Rache in vielen Ländern außerhalb des Westens beobachten, wo vergangene Kränkungen und Bekämpfungen von Minderheiten durch politische Gegner nicht aufgearbeitet werden, sondern sich durch neue Ideologien und Bewegungen immer wieder hochschaukeln. Wo selbst Menschenleben ausgelöscht werden, ohne mit der Wimper zu zucken.

In moderneren Gesellschaften äußert sich derselbe Mechanismus in Formen der sogenannten *Cancel Culture*, die im linken Milieu in der Regel negiert wird – außer, es trifft Mitglieder der eigenen Gruppe. Konservative und liberale Milieus beklagen die Auswirkungen der *Cancel Culture* und sehen sich regelmäßig in ihrer Kritik und Sorge bestätigt. Auch, weil die Mehrheit der Mitarbeitenden in den sogenannten Mainstreammedien dem links-liberalen Milieu zugeordnet werden kann und damit nicht die Bevölkerung abbildet, die sich in Teilen wiederum regelmäßig beklagt, dass »die Medien« sie ignorieren oder gar lügen. Das war nicht immer so, und sowohl die Kirchen als auch die konservativen Medien neigten zeitweise zu einem ähnlichen Verhalten. Keine Gruppe kann sich dementsprechend von einer Cancel-Mentalität freisprechen.

Dabei muss allerdings bedacht werden, dass im Gegensatz zum öffentlich-rechtlichen Rundfunk privatwirtschaftliche Medien – seien es TV-Sender, Print- oder Onlinepublikationen – selbst über ihre politische Ausrichtung bestimmen. Allerdings unterliegen auch diese Medien stets den journalistischen Standards; Propaganda ist daher keine Option.

Die öffentlich-rechtlichen Medien sind auf jeden Fall klar

dazu verpflichtet, umfassend die Nachrichtenlage abzubilden. »Der Auftrag der öffentlich-rechtlichen Sender ist die Grundversorgung der gesamten Bevölkerung mit Kultur, Information, Bildung und Unterhaltung. *ARD* und *ZDF* haben auch gemeinsame Sender wie *Phoenix*, *Arte* und *3sat*.«[38] Dieser Auftrag bildet die Grundlage für die Arbeit des öffentlich-rechtlichen Rundfunks seit seiner Gründung in der Nachkriegszeit. Und gerade in Zeiten von Fake News durch diverse Social-Media-Kanäle ist er mehr denn je von Bedeutung.

Dies gilt nicht zuletzt für die junge Generation. Denn während die ältere Generation das Fernsehprogramm als wichtigste Nachrichtenquelle nutzt, sind es laut *Digital News Report* aus dem Jahr 2023 für vierundvierzig Prozent der 18- bis 24-Jährigen Quellen wie YouTube und TikTok. Das Problem: In beiden Fällen handelt es sich nicht etwa um Nachrichtenseiten, sondern um Videoplattformen, wo keine Redaktion auf journalistische Standards achtet. Stattdessen kann jeder, der Lust dazu hat, alles Mögliche in die Welt posaunen, und der Algorithmus erledigt den Rest und kann einen gänzlich in eine Propagandablase hineinziehen.

Gerade junge Menschen verfügen noch nicht über eine ausgereifte Medienkompetenz; diese ist selbst bei Erwachsenen nicht immer vorzufinden. Oft ist den Konsumenten nicht klar, dass gerade die Sozialen Medien und die Absender von Inhalten auf diesen Plattformen allein Reichweiten, Klicks und Views im Fokus haben. Korrekte und überprüfte Inhalte zu erstellen ist für allzu viele im Netz nicht von Relevanz. Stattdessen heizen sie die Emotionen so an, dass noch mehr Kränkungen erfolgen.

Die *Content creators*, wie sie im Fachjargon bezeichnet werden, sprechen sich von jeglicher Verantwortung frei, und sie werden auch nicht rechtlich verfolgt, wenn sie Fake News verbreiten. Sobald jedoch Konsumenten, deren Handeln durch die konsumierten Inhalte beeinflusst wird, aktivistischen und militanten Aufrufen Folge leisten, stehen sie – und oft genug sie allein – in der Verantwortung.

Entscheidend ist hierbei auch, dass genau dieses Konsumverhalten bereits von nicht verarbeiteten Kränkungen beeinflusst wird. Allzu oft machen sich Konsumenten dieser Inhalte nicht die Mühe, die Aussagen im Netz zu überprüfen. Stattdessen wählen sie die Informationen mehr oder weniger bewusst danach aus, was sie selbst hören möchten oder für glaubhaft erachten.

Besonders deutlich wird dies beim Nahostkonflikt. Obwohl der Konflikt höchst komplex und selbst für Experten herausfordernd ist, glauben viele fest, es gebe einen eindeutigen Unterdrücker und einen eindeutigen Unterdrückten. Verknüpft ist diese Vorstellung mit der eigenen Kränkung. Es verhält sich hier wie beim Lady-Di-Effekt: Das Eigene wird auf das Fremde projiziert. Mit gravierenden Folgen, wenn sich eine kritische Anzahl an Menschen mobilisiert – und auch das ist durch das Internet und die Social-Media-Plattformen heute einfacher als noch vor der Einführung des Internets für alle.

Ein kritischer Umgang mit den genannten Inhalten wird ebenfalls schwieriger. Viele, die als Influencer fungieren, haben ein großes Bedürfnis, gesehen und wahrgenommen zu werden. Da kratzt es natürlich am Selbstbild, wenn Inhalte kritisiert werden. Und diese persönliche Kränkung wird dann hinter großen Begriffen wie Rassismus, Sexismus oder dem sogenannten antimuslimischen Rassismus versteckt. Inhaltliche Auseinandersetzungen werden meist gemieden, Fehler nur selten eingestanden. Gerade unter den polarisierenden Lauten finden sich viele Menschen, die mit ihrer lauten und vorwurfsvollen Art ihr fehlendes Selbstbewusstsein überspielen. Gerade sie aber brauchen die Abwertung des Gegenübers und scharen nur zu gern jene hinter sich, die ebenfalls ein fragiles Selbstwertgefühl haben und sich mit Minderwertigkeitskomplexen herumschlagen. Am Ende braucht es dann gar keine große Mehrheit, um eine Gesellschaft so sehr zu spalten, dass die Demokratie in Gefahr gerät.

Levitsky und Ziblatt nennen vier Hauptfaktoren autoritären Handelns[39]:

1. Ablehnung demokratischer Spielregeln (oder schwache Zustimmung zu ihnen)
2. Leugnung der Legitimität politischer Gegner
3. Tolerierung von oder Ermutigung zu Gewalt
4. Bereitschaft, die bürgerlichen Freiheiten von Opponenten, einschließlich der Medien, zu beschneiden

Diese vier Faktoren zeigen auf, wie wichtig Wohlwollen und Toleranz für gegenläufige Meinungen sind – in beide Richtungen, wohlgemerkt. Es bedeutet auch, dass Agierende in der Politik und in der Gesellschaft in der Lage sein müssen, sich nicht in ihrem Selbstwert bedroht zu fühlen, sich nicht triggern zu lassen, wenn ein Gegenargument oder eine Gegenrede erfolgt. Vor allem darf die Kränkung nicht so tief sitzen, dass Mensch versucht, die demokratischen Spielregeln nur so lange mitzuspielen, bis man sich in die richtige Position gebracht hat, um Demokratie und Meinungsfreiheit abzuschaffen.

Daher ist es von großer Bedeutung, diese Hauptfaktoren zu kennen und zu verinnerlichen, damit die Demokratiegegner mit ihren gekränkten Egos frühzeitig erkannt und in ihre Schranken gewiesen werden können.

Wie groß diese Bedeutung ist, zeigt letztlich auch ein Blick in die Geschichte: Gerade bei der Machtergreifung Hitlers und der Nationalsozialisten handelte es sich nicht um eine Machtübernahme durch eine gewählte Mehrheit, sondern um ein Bündnis, das in der entscheidend günstigen Minute die Demokratie abschaffte, als alle anderen unaufmerksam waren und nicht auf die warnenden Stimmen hörten. Mit dem Ergebnis, dass die ganze Welt in ein tödliches und menschenverachtendes Chaos gerissen wurde und Juden und alle, die sich gegen die Nationalsozialisten stellten oder nicht dem Rassen- und Menschenbild entsprachen, systematisch verfolgt, zur Zwangsarbeit verurteilt oder vernichtet wurden.

Oft genügt es, die Dinge ernst zu nehmen, die nach Macht und Einfluss Strebende in ihren Reden oder in ihren Schriften geäußert haben. In diesem Zusammenhang spielt es keine Rolle, ob von Hitler im Hofbräukeller oder Khomeini unter einem Baum im französischen Exil die Rede ist. Tiefgekränkte warten nur auf eine günstige Gelegenheit zum Zuschlagen, und während dieser Wartezeit profitieren sie von jenen, die entweder nicht sehen wollen, wie verschroben und böse das Vorhaben ist, oder es als nötige Polarisierung verklären. Oder sich einfach selbst in den Figuren wiedererkennen und sich von ihnen emotional abgeholt fühlen. Wenn diese Unterstützer*innen dann aufwachen, ist es in der Regel zu spät. Gerade hier sind die vernünftigen Stillen gefordert, sich in Diskussionen im Privatleben, im Beruf oder Ehrenamt und natürlich auch in medialen Zusammenhängen immer wieder aufklärend einzubringen und nicht zu glauben, dass sie ohnehin niemand hört oder sie nichts bewirken können. Gerade bei antidemokratischen Bewegungen oder Tendenzen sind wir als Gemeinschaft auf jede vernünftige Stimme angewiesen.

Teil II

Jetzt mal Tacheles, Habibis!

7

Laute Staatsmänner … zwischen Verschwörung und apokalyptischem Denken

Fast jeder politisch interessierte junge Mensch fragt sich irgendwann in seinem Leben, wie es zur Machtergreifung der Nationalsozialisten kommen konnte und es sein kann, dass Menschen andere Menschen systematisch vernichten. Die Antworten auf diese Fragen, die von Erwachsenen formuliert werden, sind je nach Neugier mal mehr, mal weniger befriedigend.

Dennoch bleiben viele Fragen unbeantwortet. Egal, wie viele Dokumentationen oder Spielfilme über den Nationalsozialismus man gesehen haben mag oder wie viele Artikel oder Bücher wir darüber gelesen haben: Die Ratlosigkeit und Fassungslosigkeit bleiben.

Es war ein kalter, aber schöner Novembernachmittag, als ich mit zwei Freunden spazieren ging. Tief im Osten, wo vor gerade einmal drei Jahrzehnten noch die DDR existierte und wo meine Freundin und ich, beide sogenannte Wessis, früher nicht ohne Weiteres hätten herumspazieren können. Der dritte im Bunde war ein Freund, der noch in der DDR geboren worden war. Er hat das antikapitalistische Konstrukt, die Abgrenzung, die Feindbilder noch erlebt. Und er hat erlebt, wie manche Menschen in seiner Umgebung zumindest einigen Elementen der DDR-Gesellschaft nachtrauerten und es bis heute tun. Elementen, die als stabilisierend empfunden wurden, egal, ob imaginiert oder real existierend, auf jeden Fall damals im Gegensatz zu heute als stabilisierend empfunden.

Die DDR war ein Staat, der von einem schwachen, fragilen Selbstbewusstsein geprägt war. Schlecht waren in der DDR immer die »anderen«. Vor allem der Westen, und ganz besonders die Vereinigten Staaten von Amerika. Die Demokratie galt (nicht nur) in der DDR als ein schwaches System. Auch wenn sich in Selbstbezeichnungen der Länder wie damals Deutsche Demokratische Republik oder heute Demokratische Republik Kongo die Bezeichnung Demokratie findet, erfüllen sie dennoch nicht die Anforderungen an eine Demokratie. Demokratie bedeutet ja nicht allein, am Wahltag einen Stimmzettel in einen eckigen Wahlkasten einzuwerfen.

Wie Wahlen manipuliert werden können, konnten wir u.a. am Beispiel der Republik Türkei bei der letzten Wahl 2023 beobachten.[40]

Zurück zu unserem Spaziergang und unserem Gespräch. Gerade die heutige Türkei mit Präsident Erdoğan, der der islamistischen Partei AKP angehört, sorgte bei unserem Freund für große Irritation. Er erzählte vom Säbelrasseln des türkischen Präsidenten, der gefühlt aus dem Nichts plötzlich sagte: »Will der Westen wieder einen Kampf zwischen Halbmond und Kreuz? Wenn Sie eine solche Anstrengung unternehmen, seien Sie sich darüber im Klaren, dass diese Nation nicht tot ist.«[41] Das irritierte unseren Freund auch deshalb so sehr, weil es bei der Kundgebung mit Erdoğan vorrangig um den Gaza-Israel-Konflikt gegangen war und es sich bei Israel um ein mehrheitlich von Juden bewohntes Land handelt. Ein Land, das rund fünundzwanzig Prozent Muslime und andere Konfessionen beherbergt und als Bürger*innen zählt. Von einer christlichen Mehrheit in Israel konnte also wirklich nicht die Rede sein, und auch Europa hatte mit keinerlei Drohgebärden von sich reden gemacht, was einen »Kampf zwischen Halbmond und Kreuz« angeht.

Doch anscheinend träumen nicht nur islamistische Prediger weltweit von den alten und zukünftigen islamischen Eroberungen und vermeintlichen Rückeroberungen. Viele Muslime schwärmen von dem Eroberer Saladin, der 1187 Jerusalem eroberte und mit seinen Soldaten gegen die Kreuzritter kämpfte. Andere träumen davon, Andalusien erneut unter islamische Führung zu bringen. Und während die einen nur träumen, fordern auf deutschen Straßen andere, die hier geboren und aufgewachsen sind oder zumindest seit vielen Jahren in einem deutschen Rechtsstaat leben, die Errichtung eines Kalifats in Deutschland. Wie Anfang November 2023 in Hamburg[42] und Essen[43] geschehen.

Wie auch immer: Unser Freund fragte sich ernsthaft, von welchem Kreuz da die Rede sei und wer eigentlich Erdoğan bzw. den Muslimen den Krieg erklärt habe.

So landeten wir bei unserem Gespräch auch schnell beim globalen Judenhass, insbesondere dem der Nationalsozialisten. Wie man auf die Idee kommt, dass jüdisches Leben verachtungswürdiges Leben sein kann, geht nicht nur ihm nicht in den Kopf. Tatsächlich beschäftigt der Holocaust Menschen immer wieder. Viele meinen, sie würden es sicher erkennen, wenn sich die Abschaffung der Demokratie und ein erneuter Völkermord an den Juden ankündigen würde. Eher das Gegenteil ist der Fall.

Besonders absurd wird es, wenn die in Dubai lebende deutsch-marokkanische Beauty-Influencerin Nora Achmaoui auf TikTok und Instagram ihren Followern den Palästina-Israel-Konflikt mit lauter Fake News erklärt[44] und deutschsprachigen Zuschauer*innen ganz nebenbei erklärt, wie der Medienhase läuft: »Wacht auf! Die deutschen Medien manipulieren euch und verfälschen die Wahrheit. Wenn im heutigen Zeitalter von Social Media der Holocaust passieren würde, verspreche ich euch, würde jeder auf dieser Welt, auf jedem Profil darüber berichten. Warum seid ihr leise?« Dass sich so viele Menschen mit der palästinensischen Sache und in Teilen sogar mit der Hamas solidarisieren statt mit den Juden und Israel, negieren sie. Ein praktischer Effekt, den sie mit vielen Influencern und Personen des öffentlichen Lebens teilt: Es gelingt ihr, neue Follower zu generieren und sich selbst als Widerstandskämpferin zu inszenieren, die gegen die vermeintlich manipulierten Medien im Westen und insbesondere Deutschlands kämpft. Gleichzeitig bringen ihr derartige Auftritte den persönlichen, täglichen Dopamin-Kick, von Millionen gesehen zu werden und Anerkennung für ihre Aktivitäten zu bekommen. Diese Mischung aus Selbstüberhöhung und Selbstüberschätzung mit dem Anspruch, die einzige Wahrheit zu kennen und die Welt damit beglücken zu müssen, führt, wenn sie mit politischen Forderungen verbunden wird, zu jenen historischen Ereignissen, die wir später in den Geschichtsbüchern nachlesen.

Dass für die Abschaffung der Demokratie und Meinungsfreiheit nicht automatisch immer ein Putsch oder gar eine parlamentarische Mehrheit nötig ist, das haben uns die Weimarer Republik und das Dritte Reich gezeigt. Und genau dieses Dritte Reich halten Antidemokraten für ein strahlendes Vorbild, das es nachzuahmen gilt. Allen voran mit lauten Rednern, die eine kritische Masse für sich mobilisieren können und beim Thema Judenvernichtung der Meinung sind, dass Hitler ein kluger Mann war. Gestern wie heute sollte Mensch endlich ernst nehmen, was gesagt und gemeint wird.

In den 1920ern, vor der Machtergreifung der Nazis, nahm die Mehrheit *nicht* ernst, was Hitler, Goebbels und andere Nazis schrieben, sagten und in ihren Reden hinausposaunten. Zur Erinnerung: 1928 wählten nur 2,6 Prozent die NSDAP und 1930 18,3 Prozent. Doch diese 18,3 Prozent reichten aus, um mit 107 Abgeordneten die zweitstärkste Fraktion zu stellen. Hinter der SPD, aber vor der KPD.[45] Und noch vor dem Wahljahr 1930 konnte jeder wissen, wohin die Reise mit der NSDAP gehen würde. So schrieb Joseph Goebbels, späterer Reichspropagandaminister im Dritten Reich, bereits 1928 im *Völkischen Beobachter*:

Wir sind doch eine antiparlamentarische Partei, lehnen aus guten Gründen die Weimarer Verfassung und die von ihr eingeführten republikanischen Institutionen ab, sind Gegner einer verfälschten Demokratie, die den Klugen und den Dum-

men, den Fleißigen und den Faulen über einen Leisten schlägt, sehen im heutigen System der Stimmenmajoritäten und der organisierten Verantwortungslosigkeit die Hauptursache unseres ständig zunehmenden Verfalls. Was also wollen wir im Reichstag? Wir gehen in den Reichstag hinein, um uns aus dem Waffenarsenal der Demokratie mit deren eigenen Waffen zu versorgen. Wir werden Reichstagsabgeordnete, um die Weimarer Gesinnung mit ihrer eigenen Unterstützung lahm zu legen. Wenn die Demokratie so dumm ist, uns für diesen Bärendienst Freifahrkarten und Diäten zu geben, so ist das ihre eigene Sache. Wir zerbrechen uns darüber nicht den Kopf. Uns ist jedes gesetzliche Mittel recht, den Zustand von heute zu revolutionieren. Wenn es uns gelingt, bei diesen Wahlen sechzig bis siebzig Agitatoren und Organisatoren unserer Partei in die verschiedenen Parlamente hineinzustecken, so wird der Staat selbst in Zukunft unseren Kampfapparat ausstatten und besolden. Eine Angelegenheit, die reizvoll und neckisch genug ist, sie einmal auszuprobieren.

Und so verwundert auch nicht, was er sieben Jahre später, im Jahr 1935, in einer seiner Reden vortrug: »Wenn unsere Gegner sagen: ›Ja, wir haben Euch doch früher die Freiheit der Meinung zugebilligt.‹ Ja, Ihr uns! Das ist doch kein Beweis, dass wir das Euch auch tun sollen! Dass Ihr das uns gegeben habt, das ist ja ein Beweis, wie dumm Ihr seid!«[46]

Sich diese Dummheit vorhalten zu lassen von einem Demagogen, ist bitter, mindestens verdeutlicht es aber, wie wachsam wir als Gesellschaft sein müssen. Wachsam, ohne dabei paranoid zu werden und hinter jeder abweichenden Meinung und Haltung einen Antidemokraten zu vermuten.

Doch jeder ist aufgefordert, seine Argumente selbst noch mal auf den Prüfstand zu stellen bzw. die argumentative Gegenrede auszuhalten und in der Lage zu sein, zu überprüfen, ob Mensch sich möglicherweise selbst in die antidemokratische Irre hat führen lassen.

Säulen, die es in sich haben

Aber wie kommt es, dass Gegenrede als solch eine Bedrohung der eigenen politischen und damit auch persönlichen Existenz empfunden wird? Denn genau das ist sie letztendlich, wenn die Lebensgrundlage und auch das Selbstbild vom politischen Mandat und von der medialen Instanz abhängt, als die sich so manch einer versteht. Was im Übrigen auch für religiöse Würdenträger gilt, die jegliche Religionskritik in ihrem reaktionären Verständnis nicht als eine Gefahr für den Glauben der Menschen sehen, sondern vielmehr als eine Bedrohung des persönlichen Machtinstruments.

Eine gesunde Einstellung zur Vielstimmigkeit, eine Einstellung, die in der Lage ist, Streit auszuhalten, setzt ein belastbares Selbstbild voraus, und das entsteht nicht von allein. Eine gesunde Identitätsbildung ist hier ausschlaggebend, damit die eigene Identität nicht davon lebt, Andersdenkende oder als anders markierte Menschen abzuwerten, nur um sich selbst aufzuwerten. Dem Psychologen Hilarion Petzold zufolge stützt sich die Identität eines Menschen auf fünf Säulen: Körper und Gesundheit, soziale Beziehungen, Leistung, Perspektiven sowie Werte und Ideale. Je nach Lebenslage können diese Säulen einen Hinweis darauf geben, wie es um die psychische Stabilität einer Person bestellt ist. Wenn wir uns die Säulen als Rohre vorstellen, ließe sich jedes dieser Werterohre mit persönlichen Empfindungen befüllen. Jeder Wert ließe sich abfragen.

Wie gefüllt fühlt sich etwa die Säule »Gesundheit« für eine Person an? Bei der Antwort auf diese Frage kann sich das eigene Empfinden von einer ärztlichen Diagnose durchaus unterscheiden. Jemand kann also zwar körperlich gesund sein, sich aber dennoch krank fühlen. Es gibt Menschen, die mit körperlichen Symptomen in eine Praxis gehen, ohne dass der Arzt einen körperlichen Befund feststellen kann. Im vertraulichen Gespräch kann sich aber herausstellen, dass es sich um ein Trauma handelt, das der Patient in Form von Kopf- oder Bauchschmerzen empfindet. Nicht selten stellt sich bei solchen Patienten heraus, dass sie von Personen misshandelt oder missbraucht worden sind, die ihnen nahestehen, dass sie also von ihrer Vergangenheit eingeholt werden. Dann wäre das Werterohr »Gesundheit« also nur gering befüllt mit dem Gefühl geistigen und körperlichen Wohlbefindens.

Genauso verhält es sich mit den anderen Säulen. So kann sich beispielsweise ein heranwachsender Mensch trotz seiner Einbindung in Schule, Familie oder Gemeinde einsam fühlen. Ist das der Fall, kann die Person das Werterohr »soziale Beziehungen« nicht mit dem Gefühl voller Zufriedenheit befüllen. Auch bei den Werterohren »Leistung« und »Perspektiven« kann es zu Defiziten kommen. Dann fällt es schwer, eine zuversichtliche Grundhaltung zu entwickeln. Wenn nun alle Werterohre eher mäßig befüllt sind und nur das »Ideale«-Rohr eine große Befüllung erfährt, weist dies auf ein großes Bedürfnis hin, die Leere der anderen Werterohre auszugleichen, statt an den jeweils anderen Werten zu arbeiten. Was in diesem Fall bedeuten würde, an sich und der eigenen Persönlichkeit zu arbeiten, statt durch äußere Faktoren einen Ausgleich zu finden.

Alice Salomon schrieb in ihrer *Theorie des Helfens* einmal: »Das Glück, das ein Mensch sich erwirbt, hängt im Wesentlichen von ihm selbst ab. Alle Möglichkeiten, die sich uns bieten, alle Ratschläge, die wir erhalten, nutzen uns nichts, sofern wir sie nicht nutzen wollen.« So ähnlich verhält es sich auch mit jenen, die uns dauerklagend mit allen möglichen wahren oder eingebildeten Problemen öffentlich in den Ohren liegen, statt sich aktiv in die Introversion zu begeben. Und dies, bevor große Skandale vom Zaun gebrochen werden, wo vielleicht gar keine Skandale sind.

Das Ideal einer besseren und friedlicheren Welt, um ein Beispiel zu geben, ist zwar ein Wert, den viele teilen, den aber nicht jede*r unbedingt dazu instrumentalisieren würde, um vor der eigenen Leere wegzulaufen und im Äußeren nach Ausgleich zu suchen. Manche würden eher Werte verfolgen, die die eigene Persönlichkeit stärken können. Sie würden also etwa versuchen, einen besseren Umgang mit der eigenen Gesundheit zu finden oder mit der Familie oder dem Freundeskreis, statt gleich den Weltfrieden in den Fokus zu nehmen. Wobei oft übersehen wird, dass diejenigen, die mit sich im Reinen sind, eher auf ihr Umfeld einwirken und dadurch einen tatsächlichen Beitrag zum Weltfrieden leisten können. Genau dies beobachten wir oft bei den vernünftigen

Stillen, die den Rat verinnerlicht haben, immer zuerst vor der eigenen Haustür zu kehren.

Die Leere bei den »Werterohren« entwickelt sich in der Regel im Familienumfeld. Besonders Heranwachsende fühlen sich oft schon früh in ihrem Leben übersehen, unverstanden, sie fühlen sich nicht ernst genommen und nicht gefördert oder nicht zur Selbstständigkeit befähigt. Nicht selten setzt sich das im Erwachsenenleben fort. Diese Leerstellen hoffen viele – jung wie alt – mit den Sozialen Medien zu befriedigen, und der Dopamin-Kick bestätigt sie hier regelmäßig. Wenn Menschen sich nun aufgrund ihrer unausgeglichenen Wertesäulen nach außen orientieren und dort nach Lösungen suchen, statt an sich selbst zu arbeiten und ihre persönlichen Lebensthemen zu reflektieren, sind sie anfälliger für diverse Gruppen, die einen Keil in die Gesellschaft treiben und demokratiezersetzend wirken.

Es macht natürlich durchaus einen Unterschied, ob Mensch sich in einem exklusiven Sportklub anmeldet, einem Fußballverein beitritt oder sich einem kriminellen Rockerklub oder einer linksextremen, rechtsextremen oder islamistischen Gruppe anschließt. Der Schaden für die Gemeinschaft ist bei antidemokratischen Bewegungen wesentlich größer. Gruppen oder Influencer, die die Abwertung anderer Menschen, Fake News oder Verschwörungsmythen streuen, sind gefährlicher als z. B. Sportklubs, in denen Mensch zum inneren Ausgleich oder zum Abbau von Aggressionen Sport treibt. Für alle Bereiche gilt aber: Die jeweiligen Angebote können die Defizite in der Persönlichkeitsentwicklung niemals komplett ausgleichen.

Innere Konflikte sind vor allem bei jenen vorprogrammiert, die extremen Gruppen verhaftet bleiben. Denn die Wertesäulen bleiben trotz aller Versuche zur Kompensation unausgeglichen. Muslime beispielsweise, die sich vor allem über ihr Muslim-Sein identifizieren, werden eher eine Gruppe wählen, die ihnen das Gefühl der Aufwertung als Muslim vermittelt. Logischerweise dürften sie in rechtsextremen White-Power-Gruppen eher Probleme bekommen. Doch es gibt nicht nur im Ausland, sondern auch hierzulande viele ausländische Gruppierungen, wo sich auch Personen mit Migrationshintergrund rechtsextrem verorten können. Das Angebot einer segregierenden Gruppe, die die Menschheit in »Gut und Böse«, »Gläubige und Ungläubige« einteilt, bieten auch religiös-politische Bewegungen, wie zum Beispiel islamistische Gruppen.

Die Zweiteilung der Welt in Gut und Böse, Wir und die Anderen, führt letztlich dazu, Gewalt bis hin zum Mord zu legitimieren. Sie entspringt demselben faschistischen Gedanken wie die Einteilung in Arier und Nicht-Arier oder in lebenswertes und nicht lebenswertes Leben. Islamisten geben Betroffenen das Gefühl, Teil einer Glaubensgruppe zu sein, die die Lösung zum Weltfrieden kennt. Weltfrieden nach ihrer destruktiven Auffassung, wohlgemerkt. Sie sind die Guten, und sie behaupten, wenn sie viele sind und über Macht verfügen, dann wird alles besser.

Ihr Slogan und die Grundhaltung ihres Lebens lautet: »Der Islam ist die Lösung«. Und sie gehen davon aus, dass sie von »den Juden« bedroht werden und dass es deshalb legitim sei, sich gegen sie zu wehren oder sie als Menschen zweiter Klasse zu behandeln, so wie es in der Geschichte unter islamischer Herrschaft üblich war. So hat sich das »Feindbild Jude« oder, wie Theodor W. Adorno sagte, das »Gerücht über die Juden«, über Jahrhunderte durchgesetzt.

Nicht anders verhielt es sich auch bei Adolf Hitler. Er glaubte daran, dass Juden und Kommunisten Deutschland im Ersten Weltkrieg verraten und zur Kapitulation gezwungen hatten. Durch die Verbannung und Vernichtung der Jüdinnen und Juden sollten die Probleme in Deutschland und der Welt gelöst werden. Und diese Haltung war alles andere als neu. Schon der Reformator Martin Luther hatte 1543 in seinem Pamphlet *Von den Juden und ihren Lügen* geschrieben: »Die Juden sind ein solch verzweifeltes, durchböstes, durchgiftetes Ding, dass sie eintausendvierhundert Jahre unsere Plage, Pestilenz und alles Unglück gewesen und noch sind. Summa, wir haben rechte Teufel an ihnen.« Und Hitler schrieb bereits 1919 in einem Brief: »*Er (der Jude) zerstört den Charakter des Fürsten durch byzantinische Schmeichelei, den nationalen Stolz, die Kraft eines Volkes, durch Spott und schamloses Erziehen zum Laster. (…) Alles was Menschen zu Höherem streben läßt, sei es Religion, Sozialismus, Demokratie, es ist ihm alles nur Mittel zum Zweck, Geld und Herrschgier zu befriedigen. Sein Wirken wird in seinen Folgen zur Rassentuberkulose der Völker. (…) Sein letztes Ziel aber muß unverrückbar die Entfernung der Juden überhaupt sein.*«[47]

Darüber hinaus schrieb er in seinem Pamphlet *Mein Kampf* (1925): »Das jüdische Endziel ist die Entnationalisierung, die Durcheinanderbastardisierung der anderen Völker, die Senkung des Rassenniveaus der Höchsten, sowie die Beherrschung dieses Rassenbreies durch Ausrottung des eigenen Volkes.«[48]

Einige Jahrzehnte später, im Jahr 1963, auf einem anderen Teil der Erdkugel, nämlich im Land der Arier (denn das bedeutet Iran übersetzt), rief Ayatollah Khomeini seinen Anhängern zu: »Die Juden und Ausländer wollen den Islam zerstören. Ruft euch all die Katastrophen in Erinnerung, die die Juden und Bahais dem Islam zugefügt haben.«[49] Und zu guter Letzt hat auch Recep Erdoğan 2016 auf angebliche »Strippenzieher« hingewiesen. Laut Erdoğan »wird heute ein ganz hinterhältiges, ganz abscheuliches und mieses Spiel mit unserer Region und unserem Land getrieben. Was ich den Strippenzieher nenne, zeigt sich uns jeden Tag mit neuen Teufeleien und versucht, die Saat der Feindschaft und Zwietracht in unserer Region zu säen. Er versucht, die Zukunft unserer Region in Blut und Tränen, in Bürgerkrieg und Sezessionskriegen zu ertränken. Uns ist bewusst, dass es hier um einen Machtkampf geht.«[50] Nicht ohne Grund nennt ihn der Antisemitismusbeauftragte Felix Klein einen Antisemiten.[51]

Alle hier zitierten Personen offenbaren in ihren Beschreibungen und Vorstellungen auch eine Form des apokalyptischen Denkens, in dem es immer wieder um einen Kampf »Gut gegen Böse« und um die Zerstörung einer verdorbenen Welt geht. Die Verdorbenheit manifestiert sich bei diesen Verschwörungsgläubigen in ihrem antisemitischen Weltbild. So zeigt auch die Buchbesprechung »Aufstieg aus dem Untergang – Apokalyptisches Denken und die Entstehung der modernen Naturwissenschaft im Mittelalter« des Historikers Johannes Fried im Deutschlandfunk die Parallelen auf, die wie folgt beschrieben werden:

> *... im 13. Jahrhundert, als sich die Wissenschaft peu à peu vom Glauben zu emanzipieren versuchte, in der islamischen Welt eine völlig gegenläufige Entwicklung entstand: Die Ausbreitung eines religiösen Fundamentalismus, der die bislang führende arabische Gelehrtenwelt als feindselig bekämpfte. Es ist ein Kampf, der offenbar außerordentlich erfolgreich bis zum heutigen Tage ausgefochten wird.*

Im Gespräch weist Johannes Fried darauf hin, dass auch das zwanzigste Jahrhundert seine apokalyptische Renaissance hatte. Dies trifft besonders auf das mythengeschwängerte Dritte Reich zu, dessen Name auf den Apokalyptiker Joachim von Fiore zurückgeht, der damit den dritten Status – das Zeitalter des Heiligen Geistes – in den Abfolgen der Heilsgeschichte bezeichnete.

8

Der schmale Grat – zwischen Opfertum und Täterschaft

Um zu verstehen, warum die Lauten – egal welcher Herkunft oder welchen Geschlechts – im Gegensatz zu den vernünftigen Stillen nicht in der Lage sind, ihre Anliegen erfolgversprechend und nicht polarisierend vorzubringen und auch zwischenmenschliche und gesellschaftliche Konflikte zu lösen, müssen wir den Blick auf die Sozialisation dieser Menschen richten. Denn meist führt sich im Erwachsenenleben fort, was bereits in der Eltern-Kind-Beziehung angelegt wurde und sich als erfolgreich erwiesen hat.

Das kann durchaus destruktiv sein, z. B. bei Kindern, die ihre Eltern mit manipulativen Bitten dazu bringen, ihnen jeden Wunsch zu erfüllen. Die Manipulation wird dann aufgrund des erlernten Musters auch im Erwachsenenleben weitergeführt. Das kann sich im diskursiven Bereich so äußern, dass Mitdiskutanten oder Social-Media-Akteur*innen mit einem Shitstorm oder mit Canceln bedroht werden, sollten diese nicht mit ihren Äußerungen zurückrudern. Derartige Drohungen verfangen vor allem bei einem Gegenüber, das ein Muster erlernt hat, nachdem auf manipulatives Handeln Anerkennung und Lob folgte.

Ein anderes Beispiel ist Lautstärke. Wer sich mit der Fernbedienung durch Trash-TV-Sendungen zappt oder dank einer Satellitenschüssel Sendungen aus Italien, der Türkei, dem Nahen Osten oder dem Iran, allen voran Politiksendungen, konsumiert, sieht oft Männer herumbrüllen. Ich habe mich schon als Teenager oft gefragt, warum solche Gespräche nicht mit weniger Geschrei möglich sind. Doch wer die Erziehung in diesen Breitengraden studiert oder erlebt hat, versteht schnell, warum auch in diesen Ländern die Stillen gänzlich aus dem Fokus der Gesellschaft verschwinden bzw. gar unsichtbar gemacht werden: Sie werden regelrecht an den Rand der Gesellschaft gebrüllt.

In solch einer Gesellschaft wahrgenommen zu werden, wenn man nicht brüllt, ist fast ein Ding der Unmöglichkeit. Die Stillen werden im privaten Umfeld für ihre ruhige und besonnene Art durchaus geschätzt, auch weil sie für die Lauten keine Konkurrenz darstellen. Aber sie gelten als schwach, man kann sie leicht und ungestraft übergehen.

Menschen, die auch als Erwachsene schreien, um gehört zu werden, haben bereits als Kind gelernt, dass sie nur dann wahrgenommen werden, wenn sie brüllen, auch über das Säuglingsalter hinaus, wo das Brüllen überlebenswichtig ist.

Die Erziehung und alles, was Menschen als Kinder in ihren Familien erleben und durchmachen, prägt sie ein Leben lang. Gefährlich wird es dann, wenn die Erziehung und die Erfahrungen mit einer Kränkung zusammenkommen, die nicht aufgearbeitet bzw. erfasst wird und nur durch Rache

Befriedigung findet. Verlust, zerplatzte Träume und Gewalt vermischen sich dann unter Umständen zu einem gefährlichen Cocktail. Und diese gefährliche Mischung hat uns in der Vergangenheit Politiker beschert (und tut es bis heute), die alles andere als friedliche Gesellschaften schaffen und fördern.

Auf den Spuren des Führerkults

Was haben Despoten und Diktatoren wie Adolf Hitler, Ruhollah Khomeini oder Recep Tayyip Erdoğan gemeinsam? Ihre Biografien sind geprägt von engen Bindungen zur Mutter und einem abwesenden und/oder brutalen Vater. Sie lassen sich durchaus als machohafte »Muttersöhne« bezeichnen. Die Mutterbeziehung dieser Männer ist von einer destruktiven Ambivalenz geprägt. Alles Weiche wird mit Weiblichkeit und mit der Mutter assoziiert und als fremdartig erachtet und kompensiert. In dem im Jahr 1933 erschienenen Buch *Massenpsychologie des Faschismus* beschreibt der Psychoanalytiker Wilhelm Reich eine seiner Theorie nach wesentliche Voraussetzung für die Ausbildung sogenannter autoritärer beziehungsweise faschistischer Charaktere: Es entwickelt sich ein Gegenkonzept zur Liebe zum Leben. Stattdessen entsteht ein ungehemmter Drang zur Vernichtung und Unterordnung unter eine Führergestalt oder eine perverse Ideologie. So ist es kein Zufall, dass der Nationalsozialismus mit seiner rigiden Geschlechtermoral, dem Rassenwahn sowie seinen Großmachtfantasien die vaterlose

Generation des Ersten Weltkrieges anzog. Infolge fehlender Vaterbilder bildet der Faschismus jeglicher Ausrichtung einen psychosexuellen Fluchtraum uneigentlicher Identitäten. Denn die verhassten, im männlichen Umfeld nicht geduldeten und als weiblich definierten Attribute können in diesen Gruppen durch pseudomännliches und martialisches Gehabe verdeckt und überspielt werden. Endlich unter Gleichgesinnten, kann Mann also heute wie damals mithilfe von Waffen, Gewalt, Uniformen, Gewändern, Bärten und der Vernichtung anderer den eigenen Minderwertigkeitskomplex kompensieren. NS oder IS – das macht in dieser Hinsicht tatsächlich kaum einen Unterschied.

Hitler, Khomeini und Erdoğan und ihre Anhänger teilen das Schicksal aller Muttersöhne, und so verwundert es auch nicht, dass sowohl im Nationalsozialismus als auch im Islamismus die Mutterrolle so sehr idealisiert wird, obgleich die eigenen Beziehungen, wie bei allen anderen, nie ohne Konflikte gewesen sein können. Eher lässt sich vermuten, dass sie verstörende Anteile hatten. Aber gerade die verborgenen Konflikte, die niemals öffentlich gemacht wurden, legen nahe, dass es sich nie um eine bedingungslos liebevolle Beziehung handeln konnte. Allein schon deshalb, weil gleichzeitig bis heute aus den ideologischen Gruppierungen, die hier angesprochen sind, ein großer Frauenhass proklamiert wird und Frauenrechte bekämpft werden, während die gesellschaftliche Stellung der Männer deutlich überhöht wird. Es gibt auch keinerlei Wertschätzung für Familienkonstellationen außerhalb des Vater-Mutter-Kind-Schemas.

Was in Hitlerdeutschland das Mutterkreuz war, ist bei

den Islamisten die religiöse Vorstellung vom Paradies unter den Füßen der Mütter. Rebellion oder Kritik an der Mutter ist in angstbesetzten Gemeinschaften und Gesellschaften unmöglich. Also werden andere Ventile gesucht, bei allen Geschlechtern. Nicht nur Männer fallen hier negativ auf, auch Frauen, die ihre erfahrenen Kränkungen und Gefühle von Machtlosigkeit destruktiv kompensieren.

Der Schriftsteller Volker E. Pilgrim, dessen Familie aus dem Umfeld von Hermann Göring stammte, beschreibt in seinen Werken die weltgeschichtlichen »Muttersöhne« – so auch der Titel eines seiner Bücher. Bereits Hitlers Vater soll ein Muttersohn gewesen sein; Hitler selbst war ein uneheliches Kind, das in einer von Brutalität geprägten Umgebung aufwuchs. Pilgrim schreibt:

> *Hitler dilettierte, lebte ziellos herum, lernte nichts, studierte nicht, band sich nicht in Liebesbeziehungen, wohnte in einem Männerwohnhaus … kostümierte sich mit Männlichkeitszeichen: Schwellkörper Uniform, Versteifung rechter Arm in die Höhe, eindringendes Augenrollen, hin- und hertreibende Rede, multiple Ohnmacht des Höhepunktes bei jeder Massenveranstaltung. Er selbst blieb ein Jungferich.*

Ähnlich auch der kommunistische Despot Josef Stalin. Als Stalin fünf Jahre alt war, verließ der Vater die Familie; er verstarb wenige Jahre später. Stalins Mutter war wohl die Einzige, die dem Jungen Zuneigung schenkte. Wie Hitler wurde er in seiner Jugend gehänselt. Künstlerisches Dilettieren gehörte genauso zu seinem Leben wie ein gestörtes Verhältnis zu Frauen, Verfolgungsangst und Herrschaftstrieb.

Bei Erdoğan war es seine Mutter, die sich selbst in intime Entscheidungen einmischte. Seine fromme Mutter wünschte sich für ihren Sohn ursprünglich eine Schwiegertochter, die einen Tschador trug. Letztendlich überzeugte er sie dennoch, sodass er seine heutige Frau Emine heiraten durfte, die »nur« Kopftuch trägt.[52] Es verwundert nicht, dass er 2016 erklärte: »Für mich ist eine Frau vor allem eine Mutter.«[53] Damit ist klar, was er über eigenständige Frauen denkt; seine Frau verfügt denn auch weder über einen Schulabschluss noch über eine Berufsausbildung.

Zahlreiche Beispiele für die Verbindung von Muttervergötterung und Despotie finden sich quer durch die Menschheitsgeschichte. Von Nero und Alexander dem Großen über Napoleon bis hin zu Osama bin Laden sind sie fast überall auf der Welt anzutreffen. Überall dort, wo Frauen unterdrückt werden, wächst und gedeiht der Männercharakter »Muttersohn«. Von den Formen und dem Ausmaß von Gewalt sowie der Staatsform und der sozialen Verfassung und politischen Kultur hängt vieles ab. Der Soziologe Norbert Elias hat daraus sogar eine eigenständige Zivilisationstheorie entwickelt.

Seltsamerweise haben Muttersöhne trotz allem häufig eine verführerische Ausstrahlung auf einen Teil der Menschheit und wirken auch auf Frauen. Es erscheint paradox, dass Faschismus und Despotismus in all ihren Facetten als eine brachiale Männerveranstaltung besonders auf jene zarten Muttersöhne eine besondere Anziehungskraft besaßen und noch heute besitzen.

Hinzu kommt ein weiterer Aspekt, der auch in der feministischen Auseinandersetzung gemieden wird, obwohl er für jede Gesellschaft, aber vor allem für freiheitliche Demokratien, von zerstörerischer Bedeutung ist und faschistische Strömungen wachsen lässt – und damit nicht zuletzt antifeministisch ist: Die Mutter-Sohn-Beziehung birgt ganz allgemein einige Risiken, und das kultur- und länderübergreifend. »Studien haben gezeigt, dass die Bindung zwischen Mutter und Sohn besonders eng ist«, sagt Martina Wirtz, Ärztin und Familienberaterin aus Aachen. Jungen werden im Schnitt länger gestillt und mehr bekuschelt als Mädchen. Was nicht unbedingt bedeuten muss, dass Söhne grundsätzlich bevorzugt werden. »Die Beziehung zwischen Mutter und Tochter kann genauso intensiv sein, sie gestaltet sich aber anders«, erklärt Wirtz.

»Jungs verhalten sich in vielen Dingen anders als Mädchen – darin liegt für viele Mütter eine große Faszination«, erklärt der Diplom-Psychologe Roland Kopp-Wichmann. Die Abnabelung von der Mutter wird denn auch häufig eher von den Müttern selbst verhindert. Offenbar hängen die Mütter häufiger am Hosenbund ihres Sohnes als die Söhne am Rockzipfel ihrer Mütter. Schwierige Punkte sind z. B. die erste Übernachtung beim Kindergartenfreund, die Einschulung oder der Versuch, aus der elterlichen Wohnung auszuziehen. »Mädchen werden viel eher zur Selbstständigkeit erzogen als Jungen«, ergänzt Kopp-Wichmann. Laut Statistischem Bundesamt lebten im Jahr 2007 vierzehn Prozent der dreißigjährigen Männer noch bei den Eltern, aber nur fünf Prozent der gleichaltrigen Frauen.

Was heißt das für die Erziehung von Jungen? Sie brauchen Freiheit, die verbunden sein muss mit bedingungsloser Liebe und klaren Grenzen sowie Verständnis für ihre geschlechtsbedingte Andersartigkeit. »Mütter sollten auch ihr eigenes Bild von Männlichkeit überprüfen«, rät Wirtz. »Jungen können sich nicht ewig mit der Mutter identifizieren, sondern müssen die Chance bekommen, zum Mann zu werden.«

Für die Jungen ist es eine Gratwanderung, nicht in einer zu engen, inzestuösen Mutterbindung zu landen, die die Entfaltung einer gesunden männlichen Identität verhindert. Besonders schwierig wird das dann, wenn ein positives männliches Vorbild nicht zur Verfügung steht. Denn Mütter können die enge Bindung ausnutzen, vor allem, wenn sie sich einsam fühlen. Besonders problematisch wird es, wenn sie gegenüber ihren Söhnen in eine Leidensrolle verfallen und sie durch Jammern und Weinen bis ins Erwachsenenalter hinein emotional erpressen. Ein solches Verhalten, das bei alleinerziehenden Müttern genauso anzutreffen ist wie bei Müttern, die in einer Partnerschaft und Ehe leben, führt unweigerlich zu einer Parentifizierung. Will sagen: Die Söhne sind nicht mehr die Kinder ihrer Mutter, sondern fallen in die Rolle eines Partners. Dies passiert vor allem dann, wenn das männliche Elternteil seiner Rolle als Ehemann, Partner und Vater nicht gerecht wird. Häufig übernimmt der Sohn dann aus Liebe zur Mutter die Aufgaben des Partners. Nicht selten führt das zu Konflikten und Konkurrenzkämpfen mit dem Vater, da der Sohn sich stets auf die Seite seiner Mutter stellt, statt die Erwachsenen ihre Partnerschaftskonflikte austragen zu lassen und als Sohn in der Rolle des Kindes zu bleiben. Die Folge: Der Vater distanziert sich von seiner Partnerin und dem Sohn gleichermaßen. Weitere Konflikte wie Ehebruch, Hass und Streiterei mit und ohne Gewalt können daraus resultieren. So entsteht ein Teufelskreis, der weder der Entwicklung des Jungen guttut noch die Konflikte aus der familiären Welt schafft.

Auch wenn die Mutter ihren Sohn auf den Mund küsst, kann dies zu einer Parentifizierung führen oder ist ein Zeichen dafür, dass sie bereits stattgefunden hat. Fast in allen Kulturen ist der Kuss auf den Mund ein intimer Akt zwischen Paaren. Das Kind hat einen natürlichen Instinkt und reagiert reflexartig, wenn jemand versucht, einen Kuss auf seinem Mund zu platzieren, z.B. indem es den Kopf wegdreht. Nun ahmen Kinder allerdings das Verhalten ihrer Eltern nach. Werden Söhne von ihren Müttern auf den Mund geküsst, dann fällt es ihnen schwer, zwischen der Eltern- und der Kindebene zu unterscheiden, und sie stellen sich auf eine Ebene mit dem Vater und damit auf die Partnerebene. Dies soll auch Auswirkungen auf spätere Paarbeziehungen der Söhne haben. Manche Psychologen raten daher grundsätzlich davon ab, während andere wegen fehlender Studien kein Problem darin sehen.

Ohnehin liefert die Mutter kein ausreichendes Vorbild für die Geschlechtsrolle ihres Sohnes bzw. mit der Geschlechtsidentität wie umgekehrt auch bei Vätern und Töchtern. Mütter sind nur sehr bedingt dafür gerüstet, ihren Söhnen beizubringen, was sie wissen müssen, um ausgeglichene Männer zu werden. Sie brauchen vorbildliche Väter beziehungsweise männliche Vorbilder, die ihnen eine Identifikation mit ihrem Geschlecht ermöglichen und ihnen Bilder von einem gelungenen Leben als Mann aufzeigen können. Je nach Konstellation tragen Jungs ohne gesunde Vaterfiguren eine doppelte Beschädigung mit sich, die sich auf ihre Sexualität und auch auf ihre berufliche wie gesellschaftliche Entwicklung auswirkt und in Schulabbruch, Arbeitsunlust, Berufswechsel oder Bohemien-Existenz enden kann. Hinzu kommt noch, dass die »Muttersöhne« die durch sogenannte »Vatersöhne« erlebten Hänseleien später möglicherweise mit einem maßlos übersteigerten Männlichkeitsideal kompensieren. Sehr anschaulich wird das beim Gangsta-Rap durch die Posen, den enormen Muskelaufbau und die machohaften Attitüden. Damit nehmen die kleinen Jungs von damals auch Rache für das Leid, das der Mutter durch deren Mann angetan worden ist. Sei es, dass die Mutter vom Vater verlassen, betrogen, ignoriert oder geschlagen wurde.

Hier stellen sich auch beim Blick in die Schriften von Ruhollah Khomeini einige Fragen in Bezug auf seine Kindheit. Denn niemand, der bei klarem Verstand ist, kommt auf derart absurde und abstoßende Gedanken, wenn nicht bereits in seiner frühen Sozialisation und Erfahrungswelt Verstörendes vorgefallen ist.

Khomeini wurde als jüngstes von sechs Kindern im Iran geboren. Sein Vater verstarb, als er fünf Monate alt war, und er wuchs ohne Vater auf. Er lebte erst bei seiner alleinstehenden Mutter, bevor sie ihn zu einer wohlhabenden Tante schickte, die für seine Schulbildung sorgte. Was er über Frauen und auch weibliche Babys im sexuellen Kontext später verfasste und in seinen Predigten äußerte, lässt einen erschaudern. Das Schlimme daran: Seine Publikationen dienten der Islamischen Republik Iran als Verfassungsgrundlage und beeinflussen bis heute die Gesetze. Auch hier gilt, was für alle späteren Demokratiefeinde gilt: Alles Grausame, Menschenfeindliche und Sadistische war lange bekannt. Dass auch zahlreiche europäische Linke zu ihm ins französische Exil pilgerten und ihm förmlich zu Füßen lagen, muss ihm mehr als geschmeichelt haben.

Wer in Khomeinis drei Hauptwerken *Königreich der Gelehrsamkeit*, *Der Schlüssel der Geheimnisse* und *Die Erklärung der Probleme* stöbert, findet unter anderem Zeilen wie diese: »Wenn der Mann einen Ehebruch mit einer anderen Frau als seiner Tante begeht, ist es sehr zu empfehlen, dass er nicht die Tochter heiratet. Wenn er eine Frau heiratet, mit ihr die Ehe vollzieht und mit ihrer Mutter Ehebruch begeht, wird die Ehe nicht annulliert. Sie wird nicht einmal annulliert, wenn er den Ehebruch begeht, bevor er seine Ehe vollzogen hat, aber in diesem Fall ist es besser, der Ehemann annulliert die Ehe aus freien Stücken.« Oder: »Wenn der Mann, der seine leibliche Cousine geheiratet hat, einen Ehebruch mit deren Mutter (also seiner Tante[54]) begeht, ist die Ehe nicht ungültig.« Oder: »Der Mann, der mit seiner Tante Ehebruch begangen hat, soll nicht ihre Töchter, das heißt, seine leiblichen Cousinen heiraten.«

In diesem Zusammenhang stellt sich unweigerlich die Frage, wie sich Sexualität in einer so frauenfeindlichen, unterdrückerischen und gewalttätigen Gesellschaft abbildet. Nicht zuletzt, weil auch in unseren Breiten, also in westlichen Demokratien, in jeder Gesellschaftsschicht sexueller Missbrauch existiert. In Deutschland finden sich statistisch gesehen in jeder Schulklasse ein bis zwei Missbrauchsopfer. Hinzu kommt, dass Missbrauch mehrheitlich im familiären Nahbereich stattfindet. Und das gilt hierzulande wie im Ausland für alle Konfessionen und auch für Konfessionslose, für alle Nationalitäten und Ethnien.

Inzwischen findet über dieses Thema eine breite öffentliche Auseinandersetzung statt, und das ist gut. Tabu scheinen allerdings immer noch Frauen – Mütter, Großmütter, Tanten, Nachbarinnen – als Missbrauchstäterinnen zu sein. »Die wenigen bisherigen Studien zum Ausmaß des Missbrauchs sprechen von bis zu 20 Prozent der Taten durch Frauen, also rund jede fünfte Tat.«[55]

Nicht jede dieser Täterinnen ist übrigens pädophil veranlagt. So erklärt die Sexualwissenschaftlerin und Psychologin am Institut für Sexualforschung, Sexualmedizin und Forensische Psychiatrie der Uniklinik Eppendorf in Hamburg, Dr. Safiye Tozdan: »Wenn Frauen übergriffig werden Kindern gegenüber, die kein sexuelles Interesse an Kindern haben, dann können hier beispielsweise Macht und Kontrolle ein Bedürfnis sein. … Es kann auch sein, dass es sadistische Motive gibt. Also einfach Spaß daran empfunden wird, Menschen oder in diesem Fall Kinder zu quälen. Es kann auch sein, dass es ein Bedürfnis gibt nach Intimität und Nähe, das nicht gestillt wurde, weil die Frauen es zum Beispiel nicht schaffen, eine Beziehung zu Erwachsenen aufzubauen, und dann eben auf Kinder ausweichen.«[56]

Angesichts dieser traumatisierenden und hochgradig

tabuisierten Aspekte eines jungen Lebens verwundert es nicht, dass manch einer selbst zum Sadisten und Teil einer faschistischen Ideologie wird, sie unter Umständen sogar maßgeblich prägt oder gar erfindet. Oder dass er schlicht im medialen Umfeld andere erniedrigt, abwertet und Diskussionen vom Zaun bricht, die in Inhalt und Ton einen Hinweis darauf geben, dass das Problem nicht Rassismus, Kolonialismus, Polizeigewalt, Migration oder Remigration ist – oder was auch immer gerade das vorherrschende Thema in einer Community darstellt.

Besonders deutlich wird das bei Akteur*innen, die lang und breit aufgebrachte und unsachliche Anschuldigungen über alle möglichen Personen ausgießen und bei denen Erkenntnisgewinn oder Problemlösung ganz eindeutig nicht im Mittelpunkt stehen. Was natürlich auch nicht gelingen kann, wenn Mensch auf der einen Seite aufgebracht über Apartheid schreibt oder auf einer Demo brüllt und innerlich eigentlich die persönlich erfahrene Abwertung und Unterdrückung in der eigenen Familie meint, für die sich bisher niemand wirklich interessiert hat.

Schon bei den Corona-Demos, wo nicht nur sachliche Kritiker der Maßnahmen mitliefen, sondern auch offensichtlich geistig Verwirrte und Traumatisierte, zeigte sich, dass die letztgenannte Gruppe die Mechanismen ganz gut begriffen hat: Wenn sie über ihre persönlichen Kränkungen und psychischen Probleme sprechen wollen, interessiert das niemanden. Das war und ist ihre Lebenserfahrung. Wenn sie diese aber in politische Parolen verpacken und in den Sozialen Medien oder auf den Straßen streuen, sind Kamerateams und Presse als Verstärker überall dabei. Das verschafft ihnen zwar keinerlei Linderung ihres eigentlichen Leidens, aber sie werden immerhin endlich gesehen und wahrgenommen. Hierbei gilt: Auch abschätzige Aufmerksamkeit ist Aufmerksamkeit.

Das begreifen auch jene Kinder früh, die gelernt haben, dass ihre Verhaltensauffälligkeiten die Aufmerksamkeit ihrer Eltern weckt. Und sei es auch nur, dass diese Aufmerksamkeit mit Schlägen oder verbaler Gewalt in Erscheinung tritt.

Dass dieser Kränkungsprozess in Antisemitismus münden kann, ist nicht verwunderlich. Alles negativ Erlebte und Erfahrene wird auf Juden projiziert, und es wundert auch nicht, dass vieles davon sexuellen Charakters ist. Wie, dass Juden die eigenen Frauen verderben oder Kinder missbrauchen. Wenn die persönlichen Probleme und Konflikte auf diese Weise vermeintlich gelöst werden, entstehen menschenverachtende Systeme, die am Ende unterschiedlichste Gruppen gefährden und unterdrücken. Auch in diesem Fall gelingt es jenen vernünftigen Stillen, ihre Traumata und Probleme persönlich und mit professioneller Hilfe aufzuarbeiten. Auch ein Punkt, an dem alle sich ein Beispiel nehmen sollten. Die vernünftigen Stillen müssen aber auch gerade hier ihre Erfahrungen und Hilfe anbieten und sich am Lösungsprozess beteiligen, statt wie Zaungäste beim Geschehen besorgt den Kopf zu schütteln. Im politischen Kontext darf eine Gesellschaft es erst gar nicht so weit kommen lassen, dass man antidemokratischen Gruppen oder Staaten mit Appeasement-Politik kommt. Die reißt das Ruder nicht rum, sondern verlängert nur die Zeit bis zum großen Knall bzw. Abschaffung der Demokratie oder Ausbruch von Kriegen. Ein Blick in die Geschichte zeigt, dass diese Beschwichtigungspolitik keine Lösung bietet. Auch deswegen müssen sich die bedachten und klugen Stillen viel früher in den gesellschaftlichen Diskurs einbringen und es gar nicht erst zu dieser krassen Polarisierung kommen lassen, die das zerstörerische Fundament von sterbenden Demokratien darstellt.

9

Auf den Spuren der Dummheit

In Zeiten, in denen die eigenen Gefühle und Empfindungen in öffentlichen Diskussionen zunehmend die Fakten verdrängen, ist kein Platz mehr für Sachlichkeit. Denn wo die geäußerte Meinung und Argumentation auf dem eigenen Gefühl fußt, ist die Kränkung zum Greifen nah. Je nach Persönlichkeit und Dünnhäutigkeit wohlgemerkt. So wird der Austausch zwischen Diskussions»partnern« zu einem Gang durch ein Minenfeld. Je nach Reife der Beteiligten ist ein Austausch nur noch wenig oder gar nicht möglich. Gegenargumente werden in einem Gespräch gern als Angriff auf die eigene Person begriffen. Viele bemerken oder wissen nicht, dass ihre gekränkten Reaktionen – egal ob laut und aggressiv oder leise und zurückrudernd – auf ihre rein persönlichen Empfindungen und Erfahrungen zurückgehen. Sie berauben sich der Möglichkeit und Chance, über sich selbst oder ihren eingeschränkten Horizont hinauswachsen zu können. Ein Teil der Erfahrungswelt, in der wir uns bei Diskussionen bewegen, können wir dadurch gar nicht erleben und erfassen. Und so bleiben diese Menschen gefangen in einer eingeschränkten Weltsicht und einem einseitigen Empfinden. Denn zur Reflexion gehört auch die Fähigkeit, sich in sein Gegenüber hineinzuversetzen. Sich der Frage zu stellen, ob das Gegenüber tatsächlich jemanden kränken möchte mit seinen Nachfragen oder Erwiderungen. Oder ob es sich eher um eine Unterstellung handelt, die durch mangelndes Wohlwollen entsteht und damit das eigentliche Problem darstellt. Was nicht bedeutet, dass manche Gesprächspartner*innen nicht tatsächlich bewusst durch die verbale Interaktion kränken möchten. Meist sind das aber gerade jene, die anderen diese Praxis unterstellen und somit in ihr Gegenüber jenes Verhalten projizieren, das sie selbst anwenden.

Seit ein paar Jahren ist regelmäßig die Rede von Mikroaggressionen und Triggern. Der Begriff Mikroaggression bezeichnet Äußerungen, die als übergriffig empfunden werden. Diese können sowohl absichtlich als auch unbewusst geäußert werden. Viele von uns haben schon einmal den Eindruck gehabt, dass uns jemand mit einer Bemerkung, Geste oder Handlung abwerten möchte. Ich werde nie vergessen, wie bei einem Geschäftstermin einer der beiden Verlagsmanager sich so an die Seite des Konferenztischs platzierte, dass er mit dem Rücken zu mir, aber seinem Kollegen gegenüber saß. Dass von ihm während des Termins nur belehrende und abfällige Äußerungen folgten, wunderte mich nach dieser Sitzposition nicht mehr, doch ich staunte über die sehr plumpe Art seines Verhaltens. Sie bestätigte mir einmal mehr, was ich eigentlich schon wusste: Mensch kann nicht voraussetzen, dass jemand, nur weil er viele Berufsjahre auf dem Buckel hat und kurz vor der Rente steht, automatisch über Souveränität, Etikette und Respekt verfügt. Vielmehr offenbarte sich in diesem Verhalten Ignoranz. Damals wie heute bringt mich diese Geschichte zum Lachen, weil seine Ignoranz ebenso plump wie dämlich in Erscheinung trat. Doch gerade sie offenbart die Verweigerung, einem Gegenüber auf Augenhöhe zu begegnen und in einen interessierten Austausch zu gehen.

Heute würden manche sagen: Typisch alter weißer Mann! Denn genau das war er, und zwar, wie er klischeehafter nicht im Buche stehen könnte. Doch so einfach ist es im Leben mit Menschen und auch mit alten weißen Männern (oder Frauen) eben doch nicht. Und eine solche pauschale Einordnung ist auch alles andere als förderlich für eine positive Gesprächskultur. Es bringt nichts, Menschen in Schubladen zu stecken, ihnen etwas zu unterstellen oder sich mit Whataboutism der inhaltlichen Auseinandersetzung zu entziehen. Wenn gesellschaftliche Diskussionen über einen längeren Zeitraum so geführt werden, stellt sich eine emotionale Erregtheit ein, die dazu führt, dass wir überall und bei jedem Kränkungen wahrnehmen.

Als im Frühjahr 2023 mein Buch *Sind wir nicht alle ein bisschen Alman?* erschien, erhielt ich allein aufgrund des Begriffs »Alman« wüste Beleidigungen, sei es in den Kommentarspalten diverser Social-Media-Portale oder als Direktnachricht. Natürlich hatten die Personen weder mein Buch noch die Artikel hinter der Paywall gelesen. Das Wort »Alman« allein triggerte so sehr, wie seinerzeit die harsch geführte »Kartoffel-Diskussion«.

Offenbar werden in dieser emotionalen Gemengelage seit einiger Zeit nur noch Wortgefechte und keine Diskussionen mehr geführt. Wir befinden uns in einem Sturm, der maßgeblich von Kränkungen, Ignoranz und auch von Dummheit geprägt ist. Dadurch wird die Polarisierung immer weiter vorangetrieben, weil auch hier die vernünftigen Stimmen still bleiben und gelegentlich gar wie versteinert wirken.

Doch gerade dort, wo Sachlichkeit verhindert wird und nur noch Anschuldigungen und Kränkungen sich zu einem nicht mehr zu überwindenden Berg auftürmen, sind diese vernünftigen Stimmen gefragt. Gerade weil ihre Nüchternheit hilft, den Dampf aus dem Kessel zu lassen, wo Emotionalität den Blick versperrt und somit kein Konflikt gelöst, sondern alles nur noch verschlimmert wird.

Daher sind neben den nicht aufgearbeiteten Kränkungen auch Ignoranz und Dummheit weitere Demokratiegefährder und finden im Begriff des »postfaktischen« eine Entsprechung. Die ehemalige Bundeskanzlerin Angela Merkel erklärte diesen Begriff einmal so: »Es heißt ja neuerdings, wir lebten in postfaktischen Zeiten. Das soll wohl heißen, die Menschen interessieren sich nicht mehr für Fakten, sondern folgen allein den Gefühlen.« Und das ist gefährlich, denn auf solch einer Grundlage ist kein sachlicher Austausch und auch keine Wissenschaft oder Journalismus mehr möglich.

An dieser Stelle möchte ich ein sehr drastisches Beispiel bringen, um zu verdeutlichen, was passiert, wenn Fakten und Empirie keine Bedeutung mehr haben. Wenn nur noch gefühlte Wahrheiten, Wunschdenken und zurechtgelegte, vermeintliche Forschungsergebnisse Maßstab gesellschaftlicher und politischer Entscheidungen sind. Im Dritten Reich wurde die klassische Medizin, die als »Schulmedizin« bezeichnet wurde, antisemitisch diffamiert. Der antisemitische Wahn sprach von der »verjudeten Schulmedizin«. Nach den Vorstellungen einiger Nazis sollte der Homöopathie mehr Gewicht gegeben werden. Mit gravierenden Folgen für die Patienten und Patientinnen, wie sich schnell herausstellen sollte und wie es auch der Arzt Fritz Donner später beschrieb. Er war selbst auch als Homöopath tätig. »Wir können das doch gar nicht, was wir behaupten«,[57] gestand er ein. Auch wenn die institutionelle Aufwertung der Homöopathie ausblieb, prominente Befürworter gab es allemal. Rudolf Heß, der Stellvertreter Hitlers, war 1937 Schirmherr des 12. Internationalen Homöopathischen Kongresses. Während Heinrich Himmler sich eher für Heilkräuter interessierte und ein Anhänger der Ernährungsreform war, war der Herausgeber des *Stürmer*, Julius Streicher, ein Befürworter der Homöopathie und der Naturheilkunde und schon damals ein überzeugter Impfgegner.

Fakten und wissenschaftliche Evidenz spielten in diesen Kreisen keine Rolle. Es ging nur um das Bauchgefühl und ein vages Glauben, Ahnen und Vermuten.

Ob Hexenverbrennung oder die Judenpogrome im Mittelalter und in der Neuzeit: Sie alle gehen auf gefühlte »Fakten« zurück, die wiederum allein auf persönliche Erfahrungen und Kränkungen zurückgehen. Mensch mag das heute kaum miteinander vergleichen und in einen Zusammenhang bringen, weil viele heute den offenkundigen Schwachsinn dahinter erkennen. Aber es war eben auch schon damals schwachsinnig, und trotzdem waren (zu) viele von ihren eigenen gefühlten »Fakten« überzeugt und überstimmten jene – oder brüllten sie nieder –, die ihnen widersprachen. Auch in dieser Zeit hielten sich die vernünftigen Stillen besorgt zurück und hofften auf Institutionen und Autoritäten. Doch diese hatten eigene Interessen und konnten die destruktive Stimmung in ihrem Einflussbereich gut gebrauchen.

Gefühlte Wahrheiten und Ignoranz

Seien es nun Vernachlässigungen durch die Eltern, Zurückweisungen durch den Schwarm oder verbale und körperliche Abwertung: Sie führen regelmäßig zu dummen Entscheidungen, und die Dummheit war und ist leider ein steter Begleiter der Menschheit.

Wobei Dummheit nicht zu verwechseln ist mit eingeschränkten kognitiven Fähigkeiten. Dummheit geht in der Regel Hand in Hand mit Ignoranz. Die wiederum nichts anderes bedeutet als die Missachtung von Erkenntnissen. Niemand kann über alles ein vollumfängliches Wissen besitzen, doch wer Fakten und Belege missachtet, *will* es nicht besser wissen und agiert damit ignorant. So ist kein Fortkommen möglich. Auf diese Art kann kein Wissen erlangt werden, und schon gar nicht ist die Möglichkeit gegeben, den verschiedenen Formen der Menschenfeindlichkeit entgegenzuwirken oder gar antidemokratische Tendenzen und Ideologien zu bekämpfen. Daher sind Dummheit und Ignoranz ein unschlagbares Team, um Menschen zu mobilisieren, die ähnlich veranlagt sind oder das Gefühl haben, dass ihre Gefühle entsprechend abgebildet und sie dadurch selbst abgeholt werden. Die jüngsten Ereignisse, die das verdeutlicht haben, waren die sogenannten Anti-Corona-Demos sowie Pro-Palästina-Demos, bei denen ja nicht nur kritische und/oder verunsicherte Gegner*innen der Corona-Maßnahmen auf die Straße gingen oder Menschen sich mit den Zivilisten im Gaza-Streifen solidarisierten. Vielmehr fanden sich bei diesen Gelegenheiten Menschen zusammen, die in ihrer Ignoranz und Dummheit die wildesten Verschwörungserzählungen verbreiteten und teilweise gar von einem islamischen Staat träumten, während andere fest davon überzeugt waren, in einer Deutschland GmbH zu leben.

Der Comedian und Kabarettist Till Reimers erklärt bei einem seiner Auftritte, »richtig harte Dummheit«, wie er sie bezeichnet, beginne da, wo »man Sachen weiß, sie aber einfach ignoriert«[58]. Ähnlich sieht es auch die forensische Psychiaterin und Autorin Heidi Kastner. Sie beantwortet die Frage eines Journalisten der *Süddeutschen Zeitung* folgendermaßen:

> *Dumm ist nicht eine Frage des IQ, es geht nicht um rechnen können oder Fremdsprachen beherrschen … Es ist die Tendenz, Fakten zu ignorieren. Und im Sinne des kurzfristigen, unmittelbaren und scheinbaren Vorteils langfristige negative Folgen für sich und andere zu ignorieren. Dumme Menschen verstehen sich nicht als Teil eines Gefüges, für sie kommen immer nur die eigenen Belange an erster Stelle.*

Gefährlich wird es dann ganz besonders, wenn dumme Menschen nicht nur sich selbst schaden, sondern anderen gleich mit, wobei »andere« auch schon einmal ein ganzer Staat sein kann.

Selbstkritik existiert bei dummen Menschen nicht. Der britische Philosoph Bertrand Russell soll es einmal so formuliert haben: »Die Hauptursache des Problems ist, dass in der modernen Welt die Dummen selbstsicher und die Intelligenten voller Zweifel sind.« Heidi Kastner fasst diesen Umstand mit einer treffenden Beobachtung zusammen: »Die Dummheit hat aufgehört, sich zu schämen.« Wie es sich mit den Kriterien um die Dummheit verhält, erklärt die Psychiaterin so:

Es wäre vermessen zu sagen, dass man Dummheit vermessen kann. Das kann man nicht. Es gibt bis heute ja auch keine gute Definition von Intelligenz. Als dumm muss man sicher jene bezeichnen, die mit gefühlten Wahrheiten oder Intuitionen daherkommen und dann sagen, die Intuition sei eine wesentliche Erkenntnisquelle … Aber wenn es um die Bewertung von Fakten geht, ist die Intuition gefährlich.

Dass Dummheit nicht harmlos ist, wie manche glauben, verdeutlicht sie im Interview am Beispiel des »Bösen«.

Es geht immer um ein kurzfristiges Befriedigen der eigenen Bedürfnisse. Die Tragik bei vielen Verbrechen ist, dass sie im Nachhinein betrachtet völlig sinnlos und nur traurig sind. Da ist nichts Mysteriöses. Das Böse ist kein Faszinosum, sondern in der Regel einfach dumm.

Woran Mensch merkt, es mit einem Dummen zu tun zu haben, hat womöglich jeder schon einmal erlebt. »Daran, dass bei diesen Menschen immer andere schuld sind. Sie sind nie dafür verantwortlich, wenn irgendwas schiefgeht. Sie stellen sich selbst nicht infrage. Andere kommen auch mal auf die Idee, dass sie nicht immer die klügsten Dinge machen.«[59] Deshalb ist für Kastner klar, dass Dummheit in unseren heutigen Zeiten Hochkonjunktur hat. Das lässt sich auch nachvollziehen in Zeiten von Internet und Social Media, wo die eigene Dummheit dank Algorithmus bestärkt und gefördert wird und seinen Höhepunkt im Dopamin-Kick findet. Obgleich es durch religiöse Institutionen und die Erfindung des Buchdrucks auch in der Vergangenheit immer Möglichkeiten gab, in religiösen Räumen, auf dem Marktplatz oder über verteilte Karikaturen und Bücher dumme und damit gefährliche Bilder und Erzählungen für eine große Masse in Umlauf zu bringen. Damit wurden Minderheiten oder zum Beispiel Frauen, die als Hexen angeklagt und verurteilt wurden, in Gefahr gebracht – in tödliche Gefahr und unter dem Jubel der dummen Massen.

Doch wie genau ist Dummheit zu erfassen und wie gefährlich ist sie für unsere Gesellschaft und Demokratie? Der italienische Schriftsteller und Wirtschaftshistoriker Carlo Cipolla verfasste 1988 den Essay »Die Prinzipien der menschlichen Dummheit«. Der Text war zunächst nur für seinen engeren Freundeskreis gedacht, fand dann aber große Verbreitung und soll rund 300.000-mal verkauft worden sein. Cipolla kommt bei seinen Ausführungen u.a. zu dem Schluss, dass dumme Menschen mehr Schaden anrichten als Verbrecher. Denn während Mensch sich gegen Verbrecher*innen schützen kann, sieht das im Umgang mit dummen Menschen anders aus. Diese handelten irrational und unvorhersehbar. Und gegen das Unvorhersehbare gebe es keinen Schutz, so Cipolla.

Dem würde ich widersprechen, denn Dummheit lässt sich erkennen, und darauf müssten Mensch und Gesellschaft entsprechend reagieren, indem sie z. B. dummen Menschen keine Positionen mit Macht und Einfluss ermöglichen und sie auch nicht fördern. Die Krux dabei ist nur, dass bereits genug Dumme in Entscheidungspositionen sitzen und Gleichgesinnte fördern. So bleibt nichts anderes übrig, als dummes Verhalten zu spiegeln und Einspruch zu erheben.

Wer Cipollas Ausführungen liest, versteht allerdings, warum wir uns tatsächlich nicht schützen können. Ein dummer Mensch sei jemand, schreibt Cipolla, der anderen Schaden zufügt, ohne damit automatisch einen Gewinn zu erzielen. Und er ergänzt, die Anzahl der dummen Individuen werde regelmäßig unterschätzt. Die Zahl der dummen Individuen sei auch deshalb so hoch, weil Dummheit unabhängig von anderen Eigenschaften existiert und daher sowohl bei hochgebildeten als auch einfach bis gar nicht gebildeten Menschen anzutreffen ist. Darüber hinaus vertritt Cipolla die Auffassung, dass nicht-dumme Menschen regelmäßig das Gefährlichkeitspotenzial dummer Menschen unterschätzen und dass Verhandlungen mit Dummen auf lange Sicht immer zu Verlusten führen und sich stets als Irrtum herausstellen. Kurz: Der dumme Mensch sei der gefährlichste. Aber warum? Was macht diesen Menschenschlag so gefährlich? Hierfür teilt er die Gruppe der Dummen nach bestimmten Kategorien ein, ähnlich wie das auch in der Psychologie getan wird.

Nach Cipolla gibt es vier Typen:

1. – Die Hilflosen
2. – Die Intelligenten
3. – Die Banditen
4. – Die Dummen

Die Dummen, sofern sie in der Masse auftreten, sind laut Cipolla gefährlicher als der Kommunismus, das Militär oder die Mafia. Wobei er die Frage außer Acht lässt, wie viele dumme Menschen sich gerade wegen ihrer Dummheit hierarchischen und unterdrückerischen Systemen wie dem Kommunismus und der Mafia zuwenden.

Cipolla betrachtet vor dem Hintergrund seiner vier Kategorien nun vier Elemente menschlichen Verhaltens:

1. Menschen können anderen Menschen Nutzen bringen.
2. Menschen können sich selbst Nutzen bringen.
3. Menschen können anderen Menschen Schaden bringen.
4. Menschen können sich selbst Schaden bringen.

Wozu führt das? Einige Beispiele: Wenn eine Person aus der Gruppe der Dummen sich durch ihr Tun selbst Schaden zufügt, dann ist diese Person hilflos. Wenn eine Person aus der Gruppe der Hilflosen von ihrem eigenen Tun einen Nutzen hat, dann zählt sie zur Gruppe der Intelligenten. Wenn eine

Person aus der Gruppe der Intelligenten sich selbst nutzt und dabei anderen einen Schaden zufügt, dann gilt sie als Bandit. Und wenn eine Person aus der Gruppe der Banditen etwas tut, was ihr keinen Nutzen bringt, anderen aber schadet, dann gilt sie als dumm.

Mittendrin befindet sich noch eine weitere, fünfte Personengruppe, die Cipolla als »ineffektive Menschen« bezeichnet.

Alle diese Personengruppen wirken sich aber nicht einfach nur auf ein paar Einzelpersonen aus, sondern auf die Gesamtgesellschaft. Das beschreibt Cipolla so:

- Hilflose Menschen können durch ihr Handeln zwar einen Beitrag für die Gesellschaft leisten, werden aber regelmäßig ausgenutzt, und zwar von jenen, die Cipolla als Banditen bezeichnet. Ihr gesellschaftlicher Beitrag ist entsprechend gering. Interessant finde ich dabei den Aspekt, dass insbesondere pazifistische und altruistische Menschen diese Kategorie aus moralischen Gründen freiwillig vorziehen. Cipolla beschreibt, dass sie offensichtlich eine Form von Passivität vorziehen, um keine Verantwortung für ihr Handeln übernehmen zu müssen. Das heißt aber auch: Nur auf den ersten Blick wirkt Pazifismus wie eine selbstbestimmte Entscheidung zugunsten des Weltfriedens. Denn es gibt leider keine Welt ohne Gewalt. Was wiederum nicht bedeutet, dass Situationen nicht immer wieder darauf geprüft werden müssen, wie sie gewaltfrei gelöst werden können. Trotzdem gibt es viele Formen von Angriffen, gegen die Mensch sich mit Gewalt wehren muss. Eine

Vergewaltigung lässt sich nun mal weder mit freundlichen noch mit entschiedenen Worten abwehren.

- Intelligente Menschen, so Cipolla, leisten einen Beitrag zur Gesellschaft, der in einen gegenseitigen Nutzen mündet. Gerade hilflose Menschen sollten daher vor allem intelligente Menschen unterstützen, um dem Gemeinwohl und damit auch sich zu nutzen und zu helfen. Damit stärken sie auch die Demokratie, denn sie wirken stabilisierend und nicht polarisierend auf die Gesellschaft ein – ein sinnvoller Beitrag in Zeiten aufgebrachter Erregung, die eher schadet als hilfreich ist.

- Menschen, die zu den Banditen gezählt werden, verfolgen stets ihr eigenes Interesse und haben keine Skrupel dabei, auch wenn dies auf Kosten der Gesellschaft geschieht und damit der Gesellschaft schadet. Dabei spielt es keine Rolle, ob es um einen finanziellen Vorteil, Karrierechancen oder reine Profilierung geht. Der Schaden ist überall anzutreffen, sodass Cipollas Bild des Banditen im übertragenen Sinne zu verstehen ist. Laut Cipolla sollten Hilflose und Intelligente die Banditen in der Gesellschaft stoppen.

- Dumme Menschen tragen lediglich zum Schaden in einer Gesellschaft bei. Sie tun dies laut Cipolla aus keinem ersichtlichen Grund. Das führt regelmäßig dazu, dass andere Menschen von ihnen enttäuscht sind oder erbost und irritiert auf sie reagieren.

Cipolla war übrigens davon überzeugt, dass es sich mit der Dummheit so verhält, wie manche Menschen eben mit roten Haaren zur Welt kommen: Sie werde durch Vererbung vermittelt. In seinen Augen sind die Menschen also nicht gleich.

Dumm geboren und nichts dazugelernt? Die Vererbungsthese vertrat auch Thilo Sarrazin und begründete damit, warum er die hohe Geburtenrate bei Muslimen für problematisch erachtete: »Intelligenz ist erblich. Es ist nicht egal, wer die Kinder bekommt … Das ist die Formel, die 98 Prozent aller wissenschaftlicher Meinung abbildet, dass die gemessene Intelligenz zu 50 bis 80 Prozent erblich ist – ich persönlich tendiere eher zu 80 Prozent –, und wenn die Gruppen unterschiedlicher Intelligenz unterschiedliche Geburtenraten haben, wirkt sich dies irgendwann aus auf die Durchschnittsintelligenz der Bevölkerung.«[60]

Dass es nicht so einfach ist, wie es sich Sarrazin hier macht, haben viele Forschungen und Studien immer wieder belegt. Und gemessen an Cipollas Theorie oder Kastners Erkenntnissen finden sich Dumme in allen gesellschaftlichen Gruppen, also auch unter jenen, denen man einen hohen IQ zuordnet.

Auch Elsbeth Stern, Professorin für Lehr- und Lernforschung an der ETH Zürich, die dort als Leiterin des Instituts für Verhaltenswissenschaft tätig ist, erklärt, dass die vereinfachte Denke rund um vererbte Intelligenz nicht alle Aspekte eines Menschen berücksichtigt. In der 3sat-Wissenschaftsdokumentation von John A. Kantara, der sich als Afro-Deutscher auf die Reise macht, um die Thesen Sarrazins zum Thema Intelligenz zu ergründen, die heute wieder in den medialen Fokus rücken, erklärt sie: »Man kann die allerbesten Gene für Intelligenz mitbringen, wenn man in eine Kultur kommt, wo weder Lesen noch Schreiben üblich ist, dann wird man nicht die Intelligenz, so wie wir sie verstehen, entwickeln können.« Weiter stellt Stern fest:

> *Die Intelligenzforschung wurde oft missbraucht. Sie wurde insbesondere in den USA missbraucht. Vor dreißig, vierzig Jahren noch hat man gedacht, man hat einen konstanten Wert, und wenn man eben gesehen hat, dass Menschen mit dunkler Haut schlechter abgeschnitten haben, dann hat man gesagt, das kann man direkt auf die Gene zurückführen.*

Das Gegenteil ist der Fall: Das soziale Umfeld, das Bildungsumfeld und die Familie sind und bleiben prägend in allen Belangen des Menschen, auch was seine kognitiven Fähigkeiten anbelangt. Vererben kann Mensch also vieles an seine Nachkommen, doch nur die Stimulierung, sei sie negativ oder positiv, wirkt sich am Ende auf die menschliche Entwicklung aus. Und so beeinflusst sie auch, wie wir miteinander in unserer Demokratie umgehen.

Insofern bieten Cipollas Beobachtungen und Schlüsse wichtige Hinweise, um das eigene Wirken kritisch unter die Lupe zu nehmen und sich die Frage zu stellen, zu welcher Personengruppe man selbst gehört und wie sich das eigene Wirken auf die Gemeinschaft, insbesondere auf den Erhalt oder eben auch Abbau von demokratischen Prozessen auswirkt. So unterstrich Cipolla, dass sich unter Generälen, Bürokrat*innen und Politiker*innen viele dumme Menschen finden, die in der Kombination mit Macht großen

Schaden anrichten. Somit sind wir alle dazu aufgefordert, die Augen offen zu halten und nicht nur darauf zu achten, wen wir wählen, sondern auch, wem wir folgen und Raum geben. Sei es medial oder gesellschaftlich.

Das bedeutet nicht, dass wir nicht im Gespräch bleiben sollten. Denn mit den negativen Folgen sehen sich am Ende unzählige Menschen konfrontiert, und wir sollten die Hoffnung nicht aufgeben, den ein oder anderen zum kritischen Nachdenken zu bringen. Allen gegenteiligen Erlebnissen zum Trotz.

Negative Beispiele für das, was passiert, wenn Dummheit eine Bühne bekommt, finden sich in der Geschichte unzählige. Eigentlich könnten sie uns als mahnende Beispiele dienen; dennoch schafft es die Gruppe der Dummen immer wieder, Ereignisse wie Genozide, den Holocaust oder die Sklaverei in einen falschen Kontext zu stellen. Wie beispielsweise bei den großen sogenannten Corona-Demos, wo sich Demonstranten einen gelben Davidstern anklebten, um ihre unbefriedigende Situation mit der Lage der jüdischen Bevölkerung im Dritten Reich gleichzusetzen. Das Mobilisierungspotenzial für antidemokratische oder rassistische und auch wissenschaftsfeindliche Parteien ist groß, und dies hat Auswirkungen auf die Gesamtgesellschaft und die demokratischen Institutionen.

Gerade vor dem Hintergrund des Dritten Reiches ist die Dummheit nicht zu unterschätzen, und wenn wir sie mit berücksichtigen, sollten wir das nicht mit Diskriminierung verwechseln.

Der protestantische Pfarrer Dietrich Bonhoeffer, der von den Nationalsozialisten umgebracht wurde, versuchte lange, die Menschen in seiner Umgebung mithilfe von Gesprächen und Predigten zum Umdenken zu bewegen. Wegen seiner Verbindungen zum Widerstand wurde er 1943 gefangen genommen und im April 1945, kurz vor der Befreiung durch die Alliierten, im Konzentrationslager Flossenbürg erhängt. Er hatte sich eingehende Gedanken darüber gemacht, wie aus seinem Land, das so viele Poeten, Wissenschaftler und Denker hervorgebracht hatte, ein Land von Verbrechern und Feiglingen werden konnte. Seine Schlussfolgerung: Es ist nicht die Boshaftigkeit der Menschen, sondern deren Dummheit. Während seiner Haftzeit schrieb er viele Briefe, die nach dem Krieg zum Teil veröffentlicht wurden. Seiner Meinung nach war Dummheit viel gefährlicher als Bosheit. Denn gegen Boshaftigkeit könne Mensch sich wehren, nicht aber gegen die Dummheit. Gegen die sei der Mensch hilflos. Auch Argumente verfangen nicht bei dummen Menschen, weil sie schlichtweg nicht geglaubt werden. Für diese Menschen haben sie keine Bedeutung. Genauso wenig helfe Gewalt. Hinzu komme, dass dumme Menschen sehr selbstgefällig seien und schnell reizbar und auch mit Gewalt reagieren würden. Daher war es Bonhoeffer wichtig, das Wesen der Dummheit zu begreifen, um es bekämpfen zu können. Allen voran handle es sich um einen moralischen, nicht etwa um einen kognitiven Defekt.

Bonhoeffer unterstrich auch den Aspekt, dass man nicht dumm geboren, sondern im Laufe des Lebens dumm gemacht werde. Hinzu kam für ihn die Erkenntnis, dass

Dummheit ein soziologisches Problem sei, da Menschen, die viel Zeit alleine verbrächten, weniger dumm seien. Ob das heute, im Zeitalter von Social Media und Fake News, so stimmt, wage ich persönlich zu bezweifeln. Denn auch durch das Internet kann Mensch heute in Gesellschaft sein, selbst wenn er sich allein in einem Raum befindet. Bonhoeffers Theorie jedoch, dass Menschen dumm gemacht werden, bestätigt sich am Beispiel Social Media dann doch ganz vortrefflich. Bezogen auf das soziologische Problem, wie er es nannte, erklärte er:

Die Macht der einen braucht die Dummheit der anderen. Der Vorgang ist dabei nicht der, dass bestimmte – also etwa intellektuelle – Anlagen des Menschen plötzlich verkümmern oder ausfallen, sondern dass unter dem überwältigenden Eindruck der Machtentfaltung dem Menschen seine innere Selbstständigkeit geraubt wird und dass dieser nun – mehr oder weniger unbewusst – darauf verzichtet, zu den sich ergebenden Lebenslagen ein eigenes Verhalten zu finden. Dass der Dumme oft bockig ist, darf nicht darüber hinwegtäuschen, dass er nicht selbstständig ist. Man spürt es geradezu im Gespräch mit ihm, dass man es gar nicht mit ihm selbst, mit ihm persönlich, sondern mit über ihn mächtig gewordenen Schlagworten, Parolen etc. zu tun hat. Er ist in einem Banne, er ist verblendet, er ist in seinem eigenen Wesen missbraucht, misshandelt. So zum willenlosen Instrument geworden, wird der Dumme auch zu allem Bösen fähig sein und zugleich unfähig, dies als Böses zu erkennen. Hier liegt die Gefahr eines diabolischen Missbrauchs. Dadurch werden Menschen für immer zugrunde gerichtet werden können. Aber es ist gerade hier auch ganz deutlich, dass nicht ein Akt der Belehrung, sondern allein ein Akt der Befreiung die Dummheit überwinden könnte.[61]

Gegenüber einer zunehmenden Macht gäben die Dummen ihre Autonomie auf, ob als Politiker oder in einer aktivistischen oder politischen Bewegung. Bonhoeffer kam zu der Erkenntnis, dass eine Belehrung zu keiner Abkehr der Dummen führe.

Dabei wird man sich damit abfinden müssen, dass eine echte innere Befreiung in den allermeisten Fällen erst möglich wird, nachdem die äußere Befreiung vorangegangen ist; bis dahin werden wir auf alle Versuche, den Dummen zu überzeugen, verzichten müssen.

Eine bittere Erkenntnis, wie ich finde, denn sie lässt einen gewissermaßen tatenlos zurück. Und dennoch zeigen uns Bonhoeffers Überlegungen, wie elementar wichtig es ist, dass gerade alle vernunftbegabten Stillen sich in Diskursen einbringen und somit zeigen, dass Ignoranz von einer großen Anzahl Menschen nicht toleriert wird bzw. keine Mehrheitsmeinung darstellt.

Bonhoeffer schrieb weiter: »Es wird wirklich darauf ankommen, ob Machthaber sich mehr von der Dummheit oder von der inneren Selbstständigkeit und Klugheit der Menschen versprechen.«

10

Einsamkeit und gefährliche Anschlusssuche

Wenn ich in meinem Umfeld frage, was Freunde glauben, was heutzutage als Tabu betrachtet wird, dann kommen unterschiedliche Eindrücke zusammen. Die einen sagen, dass vor dem Hintergrund der NS-Vergangenheit die allerwenigsten als Rassisten wahrgenommen werden wollen und dass deshalb Witze über Juden, wie auch der Gebrauch des N-Wortes, als Tabu gelten. Andere wiederum finden, dass es als großes Tabu wahrgenommen werde, über Geld und Vermögen zu sprechen bzw. andere Menschen nach ihrem Gehalt zu fragen. Worauf sich alle einigen können, sind Tabus sexueller Natur. Allen voran jene Bereiche, die Pädophilie, Inzest, Sodomie und Pädokriminalität betreffen. Sex unter Senioren nannte noch eine Freundin. Was das Thema Fetische angeht, das lange als Tabu galt, hat sich in den letzten Jahren eine größere Offenheit entwickelt, nicht zuletzt durch den Welterfolg des Bestsellers *Fifty Shades of Grey*, eines mehrteiligen Erotikromans, der auch verfilmt wurde. Vordergründig geht es darin um eine romantische Geschichte zwischen einem Millionär und einer Studentin, der sie – im wahrsten Sinne des Wortes – in die fesselnde Welt des BDSM[62] einführt. Inklusive des Tatbestands der Verführung Minderjähriger, denn der Protagonist wurde von der Freundin der Mutter mit fünfzehn Jahren nicht nur von ihr verführt, sondern auch direkt in die Welt des BDSM eingeführt. Wo wir wieder beim Thema Pädokriminalität wären. Denn auch das spielt, ohne an dieser Stelle spoilern zu wollen, eine Rolle in der Biografie des fesselfreudigen Millionärs.

Man kann also davon sprechen, dass es allgemeingültige Tabus gibt, die global gesehen, allgemeingültig sind. Andere wiederum sind von historischen und zeitlichen Faktoren abhängig.

Die Redaktion von *Welt der Wunder* hat sich 2022 einmal die Mühe gemacht eine Top-10-Liste der Tabus in der Weltgeschichte zu erstellen. Darin findet sich unter anderem das mysteriöse Ableben bedeutender Erfinder. Zum Beispiel der Fall von Tom Ogle. »Der Mechaniker meldet 1977 ein Patent für den ›Ogle-Super-Carburetor‹ an, ein neuartiges Vergasersystem, das die Reichweite eines Benzinmotors mehr als vervierfacht. Allerdings würde Ogle damit das Geschäft der Öl- und Autoindustrie gefährden … Ein anderes Beispiel ist Jan Sloots. 1995 entwickelt er ein Kodierungsverfahren, das alle bekannten Speichermethoden wertlos machen würde.«[63] Beide weigerten sich, ihre Patente an die entsprechenden Großkonzerne zu verkaufen, und beide starben auf mysteriöse Weise. Ein anderes Tabu aus der Liste dreht sich um die Nazi-Akten des Bundesnachrichtendienstes (BND) und speziell um den früheren SS-Mann Alois Brunner, genannt »der Bluthund«. Brunner galt als rechte Hand von Adolf Eichmann und war für die Ermordung von mindestens 128.500 Juden verantwortlich. Im Redaktionstext heißt es:

> *Doch während Eichmann um die halbe Welt gejagt und später gehängt wurde, konnte Brunner jahrzehntelang unbehelligt in Damaskus seinen Lebensabend genießen. Trotz Haftbefehls findet er so dank der Hilfe von Nazi-Veteranen, die nach dem Krieg in der BRD Karriere gemacht haben, Zuflucht in Ägypten, ehe er mit dem Pass eines früheren SS-Kameraden, Dr. Georg Fischer, nach Syrien übersiedelt … In Damaskus zeigt Brunner dem späteren Präsidenten Hafiz al-Assad, wie man einen Polizeistaat aufbaut, er bildet Geheimdienstleute aus, bringt ihnen die Foltermethoden der Nazis bei. Im Gegenzug wird er vom Regime bezahlt; er bezieht ein Haus im Diplomatenviertel, vor dem Männer mit Kalaschnikows wachen. Von den Bonner Nahost-Vertretungen hat er nichts zu befürchten – der Generalkonsul in Damaskus war am Holocaust in Bratislava beteiligt, der Botschafter im Libanon an der Judenverfolgung in Monaco. Wo man auch nach Brunner fragt – Schweigen.*

Brunner verstarb im Jahr 2001, ohne dass man ihn jemals für seine Verbrechen zur Rechenschaft gezogen hätte.

Ein weiteres Tabu im Zusammenhang mit dem Nationalsozialismus steht in Verbindung mit dem großen protestantischen Reformator Martin Luther, wie die *Welt-der-Wunder*-Redaktion auflistet. Julius Streicher, wir erinnern uns, der Impfgegner und Herausgeber der NS-Hetzschrift *Der Stür-*

mer, wurde 1946 bei den Nürnberger Prozessen zum Tode verurteilt. Seine wütende Antwort: »Wenn Martin Luther heute lebte, dann säße er hier an meiner Stelle!« Tatsächlich hatte Luther im Jahr 1543 seine Schrift »Von den Juden und ihren Lügen« veröffentlicht, in der er die Juden als »Plage, Pestilenz und alles Unglück« bezeichnete. Die sieben Forderungen, die Luther stellte, nehmen vorweg, was knapp vierhundert Jahre später grausame Wirklichkeit werden sollte: das Verbrennen von Synagogen, die Enteignung allen Besitzes und vieles mehr. Für Teile der evangelischen Kirche sind diese Äußerungen bis heute ein Tabu.

Wir sehen, es gibt viele Tabus. Die einen halten sich länger, die anderen überdauern nur eine gewisse Zeit, und manche haben wir gar nicht im Blick. So verhält es sich zum Beispiel mit dem Tabu der Einsamkeit und Vereinsamung. Auf den ersten Blick erscheint das für manche eher belanglos oder bestenfalls bemitleidenswert. Dennoch ist sie vor dem Hintergrund unserer Demokratie durchaus von Bedeutung. Bundesfamilienministerin Lisa Paus zeigte sich im Sommer 2023 besorgt, was die Bedeutung der Einsamkeit für die Gesamtgesellschaft betrifft. »Wenn wir der wachsenden Einsamkeit nichts entgegensetzen und den Rückzug vieler Menschen in Kauf nehmen, dann gefährdet das den gesellschaftlichen Zusammenhalt.«[64]

Eine Studie zeigte sogar auf, dass einsame Menschen – und dazu zählen nicht nur alte Menschen, sondern auch Jugendliche – anfälliger für Verschwörungserzählungen sind, was wiederum demokratiegefährdend wirkt. 33 Prozent[65] der Einsamen im Alter von 16 bis 23 Jahren lehnen die Aussage »Die Demokratie ist die beste Staatsform« ab. Durchgeführt wurde die Studie von den drei Professorinnen Claudia Neu vom Soziologie-Lehrstuhl der Universitäten Göttingen und Kassel, Beate Küpper von der Hochschule Niederrhein mit dem Schwerpunkt »Soziale Arbeit in Gruppen und Konfliktsituationen« sowie Maike Luhmann von der Ruhr-Universität, die psychologische Methodenlehre lehrt. Die drei warnen nicht nur davor, dass Einsamkeit ein »demokratiegefährdendes Potenzial« berge, sondern weisen auch darauf hin, dass Betroffene bei demokratiefeindlichen Gruppen Anschluss suchen könnten. Von Einsamkeit im jungen Alter seien vor allem jene betroffen, die finanziellen Druck verspüren, nicht mehr zu Hause wohnen und/oder eine Migrationsgeschichte haben. »So geben 55 Prozent an, dass ihnen manchmal oder immer Gesellschaft fehlt. 26 Prozent haben nicht das Gefühl, anderen Menschen nahe zu sein.«[66]

An dieser Stelle ist es wichtig, darauf hinzuweisen, dass Einsamkeit nicht mit Alleinsein verwechselt werden darf. Wir alle kennen Momente, wo wir einmal für uns sein wollen, egal, ob wir extrovertierte oder introvertierte Menschen sind. Introvertierte Menschen können viel eher allein sein und entscheiden sich öfter dazu. Sie genießen diese Zeit mit sich allein. Auch viele Stille sind keine einsamen Menschen.

Bei der Einsamkeit handelt es sich hingegen um einen Zustand, den Mensch nicht freiwillig wählt. Als soziale Wesen brauchen wir die Interaktion mit anderen Menschen, die einen mehr, die anderen weniger. Wo es aber zu einer Diskrepanz zwischen den beiden Bedürfnissen kommt, entsteht ein Leidensdruck. Dementsprechend ist auch der Blick auf die Welt bei einsamen Menschen ein anderer.

Das Einsamkeitsgefühl kann auch vorhanden sein, wenn Mensch sich in einer Gemeinschaft bewegt, eine Familie hat, verheiratet ist oder in einer Partnerschaft lebt bzw. in Freundschaften eingebunden ist. Entscheidend ist wie bei vielen Dingen im Leben, von welcher Qualität die Interaktionen und Beziehungen sind. Daher kann auch ein Mensch, der auf den ersten Blick einsam wirkt, weil er*sie viel Zeit allein verbringt, sich weniger einsam fühlen als jemand, der ständig unter Menschen ist.

Interessanterweise empfinden manche Menschen sogar gerade dann Einsamkeitsgefühle, wenn sie mit vielen Menschen in Interaktion stehen. Dieses Gefühl hat oft etwas damit zu tun, dass die Person sich anders oder nicht verstanden fühlt. Eine Studie der Universität von Kalifornien[67] fand heraus, dass bei nicht einsamen Personen innerhalb einer Gruppe sehr ähnliche neuronale Reaktionen nachgewiesen werden konnten, während sie bei den einsamen Personen untereinander und im Vergleich zu den nicht einsamen Personen sehr unähnlich waren. Die weiteren Ergebnisse deuten darauf hin, dass das Gefühl, von anderen Menschen nicht verstanden zu werden, ein Risikofaktor für Einsamkeit sein kann. Das Gefühl wiederum, von anderen Menschen verstanden zu werden, ist nach Aussage der Studie ein entscheidender Faktor für das Erreichen sozialer Bindung und wird auch mit einer höheren Lebenszufriedenheit in Verbindung gebracht.

Wenn wir uns nun an die Hochphase der Corona-Proteste erinnern, dann erinnern wir uns auch daran, was für unterschiedliche Menschen dort zusammen durch die Straßen liefen. Alle Geschlechter, vielfältige politische Meinungen egal welcher ethnischen Herkunft oder religiöser bzw. nicht-religiöser Zugehörigkeit. Jung oder alt, egal welche Behinderung Mensch hatte oder ob die Person finanziell zu den Gutverdienern gehörte oder eher arm war. Es war eine bunt zusammengesetzte Gruppe. Vereint waren sie allerdings meist in einem Punkt: Sie fühlten sich schon lange einsam in ihrem Umfeld und fanden in dieser Gruppe Anschluss und das Gefühl, verstanden und gesehen zu werden. Nicht wenige gerieten gerade aufgrund ihrer Positionen bezüglich der Corona-Politik mit ihren Familien und Freunden aneinander und fanden in den Kreisen rund um die Corona-Kundgebungen Gleichgesinnte.

Ähnlich verhält es sich auch bei den Pro-Palästina-Demos, bei denen Rechtsextreme, Linksextreme, Islamisten, besorgte Palästinenser*innen und sich vordergründig solidarisch mit den Zivilisten in Gaza zeigende Menschen ohne Bezug in die Region mitlaufen und ihr Gefühl der Einsamkeit in diesem Meer von Menschen kompensieren können. Nicht jedem ist diese Dynamik bekannt, und gerade diese Personen sind anfällig dafür, propagandistischen Parolen Folge zu leisten, die antidemokratische Forderungen und Ziele verfolgen, ohne dabei zu bemerken, dass sie für eine Sache instrumentalisiert werden, die auf lange Sicht auch ihnen schadet. Denn auch wenn manche einsamen Menschen glauben, dass sie nicht in einer Demokratie leben, würden auch sie ihr blaues Wunder erleben, wenn die Demokratie wirklich abgeschafft würde. Mehr noch, sie hätten einen erheblichen Anteil daran, gerade weil sie mit ihrer pessimistischen und polarisierenden Haltung zur Abschaffung von demokratischen Strukturen beitragen. Ob wissentlich oder nicht, spielt in diesem Zusammenhang keine Rolle: Die Folge eines solchen Verhaltens ist allein entscheidend. Denn gerade Demagogen und machtgierige Agitatoren brauchen eine Masse von Desillusionierten, die sie mit ihren Heilsversprechen in den Bann ziehen und mobilisieren können.

So sind auch und gerade einsame Menschen gefordert, sich verantwortungsbewusst mit ihren gekränkten Außenseitergefühlen auseinanderzusetzen und wachsam zu sein, ob sie gerade eine freundliche Gemeinschaft gefunden haben, in der sie gemeinsame Interessen teilen, oder ob sie sich lediglich treiben lassen von dem Gefühl, andere Menschen gefunden zu haben, die sich wie sie unverstanden und übergangen fühlen. Dabei handelt es sich dann nicht um gemeinsame Interessen, sondern um kollektive Einsamkeit.

Kindern und Jugendlichen fällt es aufgrund ihrer fehlenden Lebenserfahrung schwerer, so etwas zu erkennen, sie können aber in jungen Jahren durch die Einbindung in Bildungs- oder Freizeitaktivitäten einfacher Freundschaften schließen, die im Idealfall eine Bindung darstellen, sodass das Gefühl von Einsamkeit gar nicht erst aufkommt.

Erwachsene haben zwar mehr Lebenserfahrung, neigen aber dazu, in ihren erprobten Mustern zu verbleiben, ohne in der Lage zu sein, diese Muster, die Einsamkeit verstärken, zu durchbrechen. Hinzu kommt, dass im Erwachsenenalter tiefe Freundschaften schwieriger zu knüpfen sind. Das hängt auch mit dem Umstand zusammen, dass Erwachsene stärker im Berufsleben oder Alltag eingebunden sind. Es braucht also mehr Arbeit und bewussteres Einbringen, wenn sie der Einsamkeit entfliehen wollen. Hinzu kommt: Wenn Mensch nicht gerade mit Kolleg*innen oder Nachbar*innen befreundet sein möchte, braucht er andere Orte und Gelegenheiten, wo er mit potenziellen Freunden in Kontakt tritt. Diese finden sich am besten an Orten, wo sich Gleichgesinnte treffen. Und daher tummeln sich einsame Menschen z. B. auf Kundgebungen oder engagieren sich in aktivistischen, religiösen oder politischen Gruppen, die, wenn Mensch Glück hat, demokratisch orientiert sind und nicht dadurch auffallen, Andersdenkende abzuwerten oder antidemokratische Tendenzen zu fördern.

Am Ende müssen gesunde und enge Beziehungen gepflegt werden, wenn Mensch sich in der Interaktion mit anderen nicht einsam fühlen soll. Dies gilt für beide Seiten. Einsame Menschen müssen sich entsprechend auch die Frage stellen, was sie selbst für ihre Beziehungen tun. Es braucht ein gutes Gleichgewicht aus gegenseitigem Interesse aneinander und Proaktivität. Wenn sich immer nur eine Seite meldet, wird es schnell frustrierend.

Auch dürfen wir uns nicht einbilden, andere Menschen seien für unser Glück verantwortlich. Wenn ich nur deswegen Menschen suche, um mich nicht mehr allein zu fühlen, dann ist dies eine bequeme Haltung, die das Gegenüber zu stark überfordert und keine Freundschaft auf Augenhöhe entstehen lässt. Wenn die Motivation tatsächlich so aussieht, dann sollte die einsame Person besser jetzt als morgen mit dem eigenen Entwicklungsprozess anfangen und überprüfen, woher dieses Gefühl kommt, anders als alle anderen zu sein und sich einsam zu fühlen.

Allerdings wird in der heutigen Zeit, in der sich viele via Social Media und Internet mit vermeintlich Gleichgesinnten verbinden können, dieser nötige Entwicklungsprozess von allzu vielen vermieden oder umgangen. Stattdessen verbinden sich diese Menschen mit Gruppen, die nicht durch gleiche Interessen verbunden sind, sondern ihre Gemeinsamkeit aus der Gegnerschaft gegen etwas oder jemanden beziehen. Daraus kann nur allzu leicht eine weitere Polarisierung entstehen, die, wie wir gelernt haben, demokratiezersetzend ist.

Dass dazu auch gut gemeinte Strömungen gehören können wie die sogenannte Woke-Bewegung aus dem antirassistischen und intersektionalen Bereich, der sich stark macht für Mehrfachdiskriminierte, liegt daran, dass viel mit Polarisierung und Dämonisierung gearbeitet wird. Die Themen alte weiße Männer, weißer Feminismus oder Klimaaktivismus arten regelmäßig zu hitzigen Auseinandersetzungen aus, in denen es nicht um eine inhaltliche Diskussion geht, sondern um Abwertung, Aus- und Abgrenzung und letztendlich Dämonisierung. Damit werden die wichtigen Ziele konterkariert, und diese Gruppen bringen Menschen, die sonst womöglich Verbündete sein könnten, gegen sich auf. Und für antidemokratische Bewegungen z.B. aus dem rechtsextremen Lager ist es besonders leicht, dagegen zu agitieren und neue Anhänger*innen zu gewinnen, wenn die Aktionen und Polarisierungsaktivitäten der »Erwachten« nicht nur übers Ziel hinausschießen, sondern in sich inkonsequent sind. Wenn auf der einen Seite feministische Positionen proklamiert werden und man sich zu Recht gegen rechte Bewegungen positioniert, gleichzeitig aber islamistische Bewegungen nicht nur unkommentiert bleiben, sondern eingebunden werden in linke Netzwerke, dann ist das ein gefundenes Fressen für beispielsweise die Identitäre Bewegung. Deren Ziel ist es ja unter anderem, die sogenannte Islamisierung zurückzudrängen, die zwar als Ziel der Islamisten gilt, von säkularen Muslimen aber gar nicht unterstützt wird. Da die Identitären bei ihren Anfeindungen keine Unterschiede machen, agieren sie allgemein muslimfeindlich. Und so liefern manche linken Gruppen durch ihre Blindheit für islamistische Tendenzen am Ende den Treibstoff für Rechtsextreme, und alle rütteln gemeinsam am Fundament der Demokratie, z. T. ohne sich das Ausmaß ihres Handelns vor Augen zu führen.

In all diesen Gruppierungen finden sich darüber hinaus Menschen, die aus einem Gefühl der Einsamkeit heraus Anschluss suchen und sich dabei nicht bewusst machen, wie sie Teil einer destruktiven Entwicklung sind. Daher ist die Sorge von Familienministerin Paus um den gesellschaftlichen Zusammenhalt berechtigt. Wenn es ihr nun noch gelingen würde, den verschiedenen Vereinen und Stiftungen, die durch das Programm »Demokratie leben« gefördert werden, ein Bekenntnis zur freiheitlich-demokratischen Grundordnung abzuverlangen, dann wären wir auf einem guten Weg, sowohl den gesellschaftlichen Zusammenhalt zu fördern, als auch die Demokratie in diesem Land zu sichern.

11

Orgasmische Polarisierung

Wenn wir beschreiben, was wir im öffentlichen und medialen Raum tun, sobald wir miteinander sprechen, dann bezeichnen wir das in der Regel als Diskussion, wahlweise auch als Debatte oder Diskurs. Dabei verwenden wir oft die Begrifflichkeiten wie Synonyme. Doch das weist darauf hin, dass wir die Unterschiede nicht (mehr) kennen. Und darin zeigt sich auch ein Problem unserer Gesprächskultur.

Bei einer Diskussion handelt es sich um ein Gespräch, bei dem vorrangig unterschiedliche oder auch gleiche Meinungen und Ideen ausgetauscht werden. Bei einer Debatte geht es konfrontativer zu, da es sich um eine Form von Streitgespräch handelt. Es gibt zwei verschiedene Standpunkte, die vorgetragen werden und meist eine gute Vorbereitung voraussetzen. Auch gibt es beim Ende einer Debatte einen Sieger*in, während am Ende einer Diskussion kein Ergebnis stehen muss. Niemand muss von den Argumenten überzeugt werden.

Somit sind Debatten formaler als Diskussionen, die auch

alltäglicher und persönlicher Natur sein können. Während die Diskussion hauptsächlich das Ziel hat, Informationen, Wissen oder Meinungen *auszutauschen*, geht es bei der Debatte darum, die Zuhörer*innen argumentativ von der eigenen Position zu überzeugen. Beispiele sind Debatten im Parlament über Gesetzesvorlagen, im Vorfeld von Volksentscheiden oder im Rahmen von Wahlkämpfen, wie wir sie von sogenannten Kanzler-Duellen oder bei Präsidentschaftskandidaturen kennen. Die Debatte ist also zielgerichtet.

Hinzu kommt ein weiterer Begriff, der fälschlich als Synonym verwendet wird: Diskurs. Dieser findet, wie die Diskussion, auf sachlicher und rationaler Ebene statt und dient dazu, Erkenntnisse zu gewinnen.

Wenn wir uns diese Voraussetzungen ansehen und mit dem abgleichen, was im öffentlichen Raum aktuell und seit einigen Jahren als Diskussion, Debatte oder Diskurs bezeichnet wird, dann haben diese Wortgefechte nur selten etwas mit den oben angeführten Definitionen und Voraussetzungen gemeinsam. In sehr vielen Fällen handelt es sich stattdessen um eine Mischung aus Rechthaberei, Whataboutism und Niederbrüllen. Dies gilt sowohl in den Sozialen Medien als auch beim persönlichen Aufeinandertreffen – sofern Vertreter*innen unterschiedlicher Positionen überhaupt aufeinandertreffen. Nicht selten wird das im Keim erstickt durch Silencing, also das Ausblenden bestimmter Akteur*innen aus dem Themenkomplex. Diese Akteur*innen werden nicht öffentlich eingebunden, sodass ihre Standpunkte nicht öffentlich zugänglich sind und die betroffenen Personen unsichtbar werden. Dies geschieht auch, indem argumentativ starke Gegner dem Gegenüber gar nicht erst vorgesetzt werden, weil befürchtet wird, in der Debatte nicht als siegreich hervorzugehen bzw. die Schwäche der eigenen Argumente zu offenbaren. So werden nicht nur Konfrontationen vermieden, sondern auch Erkenntnisgewinne oder zielführende Lösungen für Probleme verhindert, seien sie politischer oder gesellschaftlicher Natur. Stattdessen werden unliebsame Debatten-Stimmen ausgeblendet zugunsten der eigenen Komfortzone derer, die nicht die Sache im Blick haben, sondern nur das eigene Gesehenwerden. Lieber führt Mensch Diskussionen mit Gleichgesinnten, sodass Zustimmung und Vergewisserung im Vordergrund stehen.

Diese Verhaltensweise ist vor allem bei inhaltlich schwachen und extrovertierten Personen anzutreffen, die, so C. G. Jung, ihre Energie aus dem Außen beziehen, also von anderen Menschen und ihrem Umfeld. Alles, was die eigene Meinung, eigene Ideen oder Argumente gefährdet, stört das gute Gefühl und das ungestörte Aufladen von Energie.

Konfrontiert mit einem derartigen Verhalten neigen gerade die rationalen Stillen dazu, sich immer mehr zurückzunehmen, weil sie das dominante Auftreten von extrovertierten Personen als abschreckend und teilweise auch als bedrohlich empfinden. Andersherum ist es für extrovertierte Personen ein Leichtes, gerade die vernunftbegabten Stillen auszublenden und noch weniger sichtbar zu machen, als sie durch die eigene Zögerlichkeit ohnehin schon geworden sind. Das erzeugt bei den lauten und unübersehbaren Persönlichkeiten regelmäßig ein gutes Gefühl von Macht.

Nicht zu verwechseln sind die vernunftbegabten Stillen mit den manipulativen Persönlichkeiten, die durchaus auf die Lauten zurückgreifen, um sie als Erfüllungsgehilfen zu instrumentalisieren. Hier werden keine Argumente ausgetauscht, hier gewinnt nicht die bessere Argumentation, sondern das Ziel ist, genau wie bei den Extrovertierten, ein Gefühl der Macht. Und Macht kann einen Rausch auslösen, der sich euphorisch anfühlt und Menschen motiviert, auch moralische Grenzen zu überschreiten. Je nach Persönlichkeit kann das entweder zum Machtmissbrauch in Form von Korruption führen oder zu despotischem Verhalten.

Dass Macht aber auch eine erotisierende Komponente hat, wissen die wenigsten. Deshalb wird diese Komponente im Kontext von Interaktionen im medialen Bereich zu selten berücksichtigt. Tatsächlich erschafft das Machtgefühl, das sich je nach Umfeld unterschiedlich äußern kann, eine Umgebung, die sich erregend anfühlt. Das gilt sowohl im Bereich Social Media als auch im Arbeitsumfeld oder in der Ausübung eines politischen Amtes.

Die Macht, ein Thema medial zu platzieren, sei es bei Social Media oder in den klassischen Mainstreammedien, treibt manche Menschen in eine erotisierte Stimmung, die sich in ihrem Höhepunkt ähnlich äußert wie die vier Stufen des Orgasmus. Sexuelle Reaktionen und Erregungen können von Person zu Person unterschiedlich ausfallen, sodass Menschen auch durch unterschiedliche Dinge in Erregung versetzt werden. Neben dem erregenden Gefühl von Macht kann auch die Tatsache erregend sein, andere zu erniedrigen. Gerade dies lässt sich regelmäßig nicht nur am Arbeitsplatz unter dem Stichwort Mobbing beobachten, sondern auch bei der lustvollen Freude, politische Gegner*innen oder gegnerische Aktivist*innen niederzumachen. Medial wird dazu mit unsachlichen und einseitigen Anschuldigungen oder Vorwürfen gearbeitet, die erniedrigen und (in der Social-Media-Sprache) dazu führen, einen sogenannten Shitstorm im Netz auszulösen.

Ziel ist dabei regelmäßig, unliebsame Personen oder Gruppierungen aus dem öffentlichen Diskursraum zu entfernen. Dabei handelt es sich nicht nur um Personen oder Gruppierungen, die Fake News, Verschwörungserzählungen oder antisemitische und rassistische Inhalte verbreiten, sondern auch um politische und aktivistische Akteur*innen oder Einzelpersonen des öffentlichen Lebens. Statt ihnen sachlich mit Argumenten zu begegnen oder den Hintergrund ihrer Positionen zunächst einmal überhaupt in Erfahrung zu bringen, wird sich an den Subjekten abgearbeitet, um sich Schritt für Schritt zum Höhepunkt zu treiben, indem die Zielpersonen auf unsachliche Weise verfolgt werden.

Hierzu ist hilfreich, die verschiedenen Phasen des Höhepunkts, besser bekannt unter dem Begriff Orgasmus, zu kennen.

Es gibt vier Phasen. Es beginnt mit der Erregungsphase, gefolgt von der Plateauphase, der Orgasmusphase und schließlich der Entspannungsphase. So weit der körperliche Ablauf. Doch tatsächlich findet sich dieser Ablauf auch bei einem Tweet oder Posting, das viel Beachtung erntet. Wenn Mensch die Regeln der Polarisierung im Netz beherrscht, kann aufgrund des ausgeschütteten Dopamins der Körper genauso reagieren wie beim Aufbau eines Orgasmus. Es beginnt also in der Erregungsphase mit Erhöhung der Pulsfrequenz und auch des Blutdrucks. Ob diese Erregungsphase Stunden oder wenige Minuten andauert, hängt von der Erregbarkeit der jeweiligen Person ab. Während die einen also von anderen Menschen aufgrund ihres Parfüms oder Aussehens erregt werden, werden andere von Gegenständen erregt, und wieder andere können tatsächlich durch mediale Interaktionen erregt werden.

Nach der Erregungsphase folgt die Plateauphase. Diese dauert im Gegensatz zur Erregungsphase lediglich wenige Minuten an, denn Mensch befindet sich ja bereits auf einem bestimmten Niveau der persönlichen Erregung. Daraufhin kommt es, wenn keine Unterbrechungen durch physische oder psychische Störungen »dazwischenfunken«, zur Orgasmus-Phase. Neben der Muskelanspannung kommt es zu einer Bewusstseinsveränderung, die viele Menschen als eine Art Schweben beschreiben. Zur Intensität des Orgasmus gehören ein erhöhter Blutdruck, eine schnellere Pulstaktung sowie eine erhöhte Atemfrequenz. Wie lange das Gefühl des Höhepunkts anhält, hängt wiederum von persönlichen Faktoren der Erregung ab.

Nach dem Höhepunkt stellt sich die Entspannungsphase ein. Blutdruck, Puls und Atmung normalisieren sich, die Muskelanspannung lässt nach.

Alle diese Phasen passen zu dem, was Menschen beim Konsum der Sozialen Medien erleben. Dies wird nicht bei allen sexuell Stimulierten in einem Höhepunkt münden, doch die Erregung kann lange anhalten und den rauschhaften Dopamin-Kick auslösen. Wer dabei lediglich informative Beauty-, Koch-, Fitness- oder andere Serviceinhalte verbreitet und sich gemeinsam mit der Followerschaft freudigen Momenten hingibt, richtet gesellschaftlich keinen Schaden an. Doch bei Personen, denen die eigenen polarisierenden Inhalte (bis hin zu Shitstorms) erotisches Vergnügen bereiten, geht es nicht um eine Freude, an der alle teilhaben. Ganz im Gegenteil: Die Freude des einen ist das Leid vieler anderer.

Besagte Akteure müssen sich die Frage gefallen lassen, ob sie ihre sexuellen Vergnügungen nicht endlich in andere Bereiche umleiten wollen. Wenn ihnen das nicht gelingt, brauchen sie professionelle Hilfe. Wie bei (Sex-)Süchtigen brauchen sie einen Entzug; ihr Suchtmittel, in diesem Fall Social Media, muss ihnen aus den Händen genommen werden, bis sie ihren Umgang reflektiert haben und die toxische Dynamik darin verstanden haben. Medienunternehmen gefällt das genauso wenig wie Suchtmittelherstellern und Distributoren. Doch das Prinzip ist das Gleiche. Von allein wird es keine Suchtprävention bzw. -behandlung geben.

Dieses Momentum ermöglicht auch den vernünftigen Stillen, den Raum einzunehmen, um dort zur Versachlichung beizutragen, wo die polarisierenden Lauten in ihrer Ignoranz einen Sturm der Verwüstung hinterlassen haben. Doch sie dürfen nicht darauf warten, dass ihnen dieser Raum freiwillig zur Verfügung gestellt wird.

Wenn wirtschaftliche, gesellschaftliche und politische Krisen regelmäßig dazu benutzt werden, als Diskussion getarnte Anfeindungen und Anschuldigungen zu formulieren, statt sich wie bei einer Diskussion oder gar einem Diskurs üblich mit Wissen und Argumenten zu begegnen, dann treibt das die Polarisierung weiter voran. Es darf also regelmäßig die Frage gestellt werden: Brauche ich gerade den nächsten erotischen Kick, und wenn ja, kann ich ihn mir nicht woanders suchen? Jedenfalls nicht im öffentlichen Raum, wo es Regeln gibt, wie diskutiert oder debattiert wird?

Diese Regeln sind im Übrigen nicht spießig, sondern sie bilden die Grundlage für eine gesunde Gesprächskultur, die den Austausch im Fokus hat und nicht die Anfeindung. Diskussionen und Debatten sind ein Geschenk für eine freiheitlich-demokratische Gesellschaft und dürfen nicht zur Polarisierung missbraucht werden, um damit die Grundlage für eine Entdemokratisierung zu schaffen. Gerade heute müssen wir bei all den technischen Möglichkeiten, die uns zur Verfügung stehen, aufpassen, weil polarisierende Stimmen sich viel einfacher Gehör und damit auch Einfluss verschaffen können. Um das einzuhegen, braucht es auch hier die bedachten und vorausschauenden Stillen, die rational bleiben, wo gerne verbal gezündelt wird (was wiederum andere zu Gewalttaten animieren kann). Der Diskursraum kann auch sachlich sexy sein und Freude bereiten. Es braucht nur mehr von den spannenden Stimmen der Stillen.

Teil III

Zeitenwende

12

Gedankengebräu oder: das Gleichgewicht der Stimmen

Als die Menschheit in die Welt kam, kam mit ihr auch die Ungerechtigkeit. Die Macht des Stärkeren war lange das Gesetz schlechthin. Nach Gerechtigkeit wurde und wird bis heute gestrebt. Die einen formulieren dieses Streben als Wunsch in ihren Gebeten. Die anderen versuchen aktiv, es in der Gesellschaft zu realisieren. Die einen nur für sich, die anderen für eine Gruppe, und wieder andere für alle. Die einen leben in Gesellschaften, in denen der Wunsch nach Gerechtigkeit ein Wunsch bleibt, weil ihre Regierungen nichts als Korruption kennen. Andere leben in Demokratien, in denen zwar immer noch Frust wegen empfundener oder real existierender Ungerechtigkeiten vorhanden ist, aber der Versuch, die Stimme gegen Ungerechtigkeit zu erheben, nicht im Gefängnis oder am Galgen endet. Die einen bleiben passiv, die anderen werden aktiv. Und dazwischen gibt es immer wieder Menschen, die meinen, für Gerechtigkeit zu kämpfen, aber mit ihrer Ignoranz und Unkenntnis nur noch mehr Chaos und Polarisierung und damit auch Ungerechtigkeit erzeugen.

Nicht selten werden ganze Gruppen hierfür aktiviert. Die Worte, die verwendet werden, um Ungerechtigkeit zu beschreiben, erzeugen nicht selten schiefe Bilder.

In islamischen Ländern ist oft der Westen mit seinen Freiheiten, seinem kapitalistischen Modell und seiner Demokratie ein Feindbild. Dabei ist dieses Gesellschaftssystem letztlich nichts anderes als ein Marktplatz der Ideen. In vielen europäischen Staaten ist es verbunden mit einem Sozialstaat, der Menschen auffängt, wenn sie nicht mehr arbeiten können, weil sie krank sind, keine Anstellung finden, in Aus- oder Weiterbildung sind und so weiter. Hinzu kommt ein Gesundheitssystem, das mancherorts durchaus zu wünschen übrig lässt, aber eine solide Grundversorgung und auch Gesundheitsprävention bietet, sofern Mensch bereit ist, Verantwortung für die eigene Gesundheit zu übernehmen.

Doch in einem Umfeld, in dem niemand um eine Grundversorgung kämpfen muss, mutiert die Vorstellung von einem demokratischen System zur Selbstverständlichkeit. Dieses System wird missverstanden als eines, in dem jede Person denken kann, was sie möchte – die Gedanken sind frei –, und auch öffentlich bis auf sehr wenige Tabus sagen kann, was sie möchte. Das kapitalistische System im demokratischen Staat setzt aber Mündigkeit und Selbstkontrolle voraus, um nicht jedem Impuls der Aufmerksamkeitsökonomie zu erliegen. Den rationalen und vernünftigen Stillen gelingt das mit Bravour. Den Lauten, die keiner Polarisierung widerstehen können, hingegen nicht, egal, ob jung oder alt, akademisch gebildet oder nicht. Sie begreifen nicht oder wollen nicht begreifen, dass ihre polarisierende Gegenrede, die sich explizit gegen Freiheit, Demokratie und Kapitalismus richtet, langfristig nicht nur ihre eigene Lebensgrundlage gefährdet, sondern die von Millionen anderer Menschen gleich mit. Die wenigsten Lauten sehen, dass sie dabei den Gegnern der Freiheit und Demokratie und damit auch der Meinungsfreiheit in die Hände spielen.

So geht es in der öffentlichen Debatte nicht mehr darum, das demokratische System an den Schwachstellen mit Lösungsvorschlägen zu verbessern. Stattdessen lassen sich vorzugsweise laute Persönlichkeiten des öffentlichen Lebens aus den Bereichen Kultur, Schauspiel oder Publizistik oder Aktivismus für die gute alte sowjetische Propagandatechnik des Whataboutisms einspannen, indem sie alle möglichen Weltprobleme nicht bei den einzelnen Staaten oder Systemen verorten, sondern immer wieder beim Westen und in den Demokratien. Diese Taktik ist alt und für antidemokratische Systeme nützlich: Sie müssen die Kritik nicht selbst äußern, da ihnen komplexbeladene laute Personen dank der kapitalistischen Aufmerksamkeitsökonomie als Erfüllungsgehilfen dienen. Und das auch noch weitgehend umsonst. Ab und an fliegt ein*e Politiker*in oder Journalist*in auf, wie kürzlich der Journalist und Dokumentarfilmer Hubert Seipel, der sogenannte »Sponsorengelder« aus Russland bezogen haben soll.[68] Selbstredend kam keine Kritik aus jenen Kreisen Richtung Russland, die sonst so eilig den Westen und vor allem die USA kritisieren. Warum auch, denn in der Regel sorgt das kapitalistische System selbst für das Auskommen und bietet wie üblich einen Absatzmarkt für die antiwestlichen Tiraden. Und wie bei Sekten finden sich genug Menschen, die in den polarisierenden Lauten ihre Vorbilder oder Stichwortgeber*innen finden, die ihnen das eigene Nachdenken abnehmen und die Sätze mundgerecht präsentieren, die nachgeplappert werden können.

Gerade die Sowjetunion bzw. Russland hat dieses Verfahren des Whataboutism immer dann eingesetzt, wenn es darum ging, die westliche Kritik an Menschenrechtsverletzungen oder Korruption abzuwehren, indem einfach auf die Missstände im demokratischen Westen verwiesen wurde. Und auf den ersten Blick scheint das Prinzip, vor der eigenen Haustür zu kehren, ja auch durchaus vernünftig. Doch vor der eigenen Haustür zu kehren bedeutet nicht, die Haustür rauszureißen und damit Tür und Tor für alle möglichen Eindringlinge zu öffnen.

Besonders absurd wird es, wenn wohlstandsverwöhnte Persönlichkeiten anfangen, für alles Schlechte in der Welt die USA und damit den Westen, die Freiheit und den Kapitalismus anzuklagen. Das fällt leicht in einem System, das derartige Äußerungen, egal wie einseitig, hirnrissig, falsch oder gegen die eigene Regierung gerichtet sie sein mögen, nicht unter Strafe und Verfolgung stellt – dem Rechtsstaat sei es gedankt. Dass das aber nicht ohne Folgen für eine Demokratie bleibt, sehen wir in den USA, wo Fake News und antidemokratische Stimmungen nicht nur geglaubt, sondern auch noch in Gestalt von Donald Trump gewählt werden, der regelmäßig nicht nur sexistische und rassistische Äußerungen von sich gibt, sondern die Gesellschaft und Politik immer weiter nach rechts rücken lässt und damit auch die Zustimmung zu antidemokratischen Tendenzen salonfähig macht.

Zugespitzt heißt das: Wer heute die Demokratie dafür benutzt, um die Errungenschaft der Meinungsfreiheit durch Selbstgeißelung und Polarisierung zu konterkarieren, wacht morgen in der Diktatur auf.

Wie absurd und gefährlich so etwas werden kann, konnte Mensch am TikTok-Hype rund um Osama bin Ladens »Letter to the American People« sehen.

Im November 2023 machte der 2002 im britischen *Guardian* veröffentlichte offene Brief bin Ladens plötzlich auf TikTok die Runde. Junge und mittelalte im Westen sozialisierte Menschen mit und ohne Einwanderungsgeschichte schienen geradezu beseelt von seinen Zeilen und feierten seinen Brief. Für sie waren seine antiwestlichen, antisemitischen und antiamerikanischen Zeilen »Augen öffnend«, wie es oft hieß. Dass ausgerechnet auf der Plattform TikTok, die in China verboten ist, dieser Hype ausgelöst wurde, war höchst spannend zu beobachten. Für das kommunistische China, das gleichzeitig ein kapitalistisches System ohne Meinungsfreiheit fährt, ist das nur nachvollziehbar. Dem wirtschaftlichen Wachstum soll nichts im Wege stehen, und das System darf nicht kritisiert werden. Wird es auch nicht, jedenfalls nicht von denen, die alle Übel im Westen sehen. Die USA, mit denen sich China seit Jahren im Kalten Wirtschaftskrieg befindet, dürfen hingegen gerne erodiert werden.

Die einen liefern Waffen und zetteln Kriege an wie Russland z. B. 2015 in Syrien oder 2022 in der Ukraine. Die anderen bringen mit der Neuen Seidenstraße in Asien und Afrika ein Land nach dem anderen durch den Bau von Logistik und Infrastruktur unter chinesischen Einfluss. Der Neokolonialismus ist auf dem Vormarsch, wird aber von den Postkolonialismus-Berufskritikern nicht kritisiert. Und so kann es geschehen, dass der offene Brief eines Terrorfürsten zum viralen Hit bei wohlstandverwöhnten Bürger*innen westlicher Demokratien mutiert. Bin Laden erklärt in seinem offenen Brief aus dem Jahr 2002 den Hass und die Angriffe von 9/11 mit folgenden Worten:

> *Weil ihr uns angegriffen habt und weiterhin angreift. Ihr habt uns in Palästina angegriffen. Die Briten haben Palästina mit ihrer Hilfe und Unterstützung an die Juden übergeben, die es seit mehr als fünfzig Jahren besetzen; Jahre voller Unterdrückung, Tyrannei, Verbrechen, Mord, Vertreibung, Zerstörung und Verwüstung. Die Gründung und der Fortbestand Israels ist eines der größten Verbrechen, und ihr seid die Führer ihrer Verbrechen. Und natürlich ist es nicht nötig, das Ausmaß der amerikanischen Unterstützung für Israel zu erklären und zu beweisen. Die Gründung Israels ist ein Verbrechen, das getilgt werden muss.*[69]

Selbstverständlich stellt die islamische Eroberung in seinen Augen und nach Ansicht all jener, die seine Zeilen als Augen öffnend empfinden und sich in der Tradition der Anti-Kolonialismus-Kämpfer*innen sehen, keine unrechtmäßige Kolonialisierung dar. Und so regt sich auch kein Widerspruch, wenn Bin Laden weiter ausführt:

> *Als die Muslime Palästina eroberten und die Römer vertrieben, kehrten Palästina und Jerusalem zum Islam zurück, der Religion aller Propheten, Friede sei mit ihnen. Deshalb kann der Ruf nach einem historischen Recht auf Palästina*

nicht gegen die islamische Ummah[70] erhoben werden, die an alle Propheten Allahs – Friede und Segen auf ihnen – glaubt, und wir machen keinen Unterschied zwischen ihnen.

Dass sich weder Juden noch Christen als Muslime verstehen und dass bereits um 1000 v. Chr., also lange bevor die Muslime und Christen Jerusalem eroberten, König David und später sein Sohn Salomon, die Stadt Jerusalem und ihre Umgebung beherrschten, wird hier einfach negiert bzw. unterschlagen. Realitätsverweigerung trifft Paternalismus trifft Geschichtsverfälschung. Doch die Anschuldigungen gegen Amerika gehen weiter:

Eure Streitkräfte besetzen unsere Länder; ihr verteilt eure Militärbasen bei ihnen; ihr verderbt unsere Länder und ihr belagert unsere Heiligtümer, um die Sicherheit der Juden zu gewährleisten und eure Plünderung unserer Schätze fortzusetzen.

Daher ist laut Bin Laden und seinen Anhänger*innen klar:

Auch die amerikanische Armee ist Teil des amerikanischen Volkes. Es ist genau dieses Volk, das den Juden schamlos hilft, gegen uns zu kämpfen. Das amerikanische Volk ist es, das sowohl seine Männer als auch seine Frauen in den amerikanischen Streitkräften beschäftigt, die uns wiederum angreifen. Das ist der Grund, warum das amerikanische Volk nicht unschuldig sein kann an all den Verbrechen, die von den Amerikanern und Juden gegen uns begangen wurden.

Und so geht es weiter:

Allah, der Allmächtige, hat die Erlaubnis und Möglichkeit zur Rache gegeben.

So simpel wie brutal. Der Brief ist schlicht eine Aneinanderreihung von wirren Gedanken und geprägt von einem hasserfüllten Blick auf die Freiheit und den Westen. Statt aufzuzeigen, welche Fortschritte und Verbesserungen die Freiheit für die Menschen gebracht hat, werden lediglich die schlimmsten Schattenseiten in den Fokus gesetzt, und es wird infantil erklärt, warum das westliche System und die USA nichts anderes verdienen, als aus dem Verkehr gezogen zu werden. An der Frage, wo und wie dieses System verbessert werden könnte, besteht kein Interesse. Es geht ganz klar um Vernichtung, laut und für jeden hörbar. Und wer es noch nicht verstanden hat, warum, es gibt noch weitere Gründe:

Ihr seid eine Nation, die die Herstellung, den Handel und den Konsum von Rauschmitteln erlaubt. Ihr erlaubt auch Drogen und verbietet lediglich den Handel mit ihnen, obwohl eure Nation der größte Konsument von Drogen ist. Ihr seid eine Nation, die unmoralische Handlungen zulässt, und betrachtet sie als Säulen der persönlichen Freiheit.

Diese Freiheitsfeindlichkeit ist ein großes Problem im Westen selbst und findet nicht nur bei historisch unwissenden Social-Media-Konsument*innen Anklang, sondern auch bei Personen des öffentlichen Lebens, die in ihren Publikationen selbst wirre Gedanken formulieren, an dieses Gedankengebräu von Bin Laden andocken und mit ihrer Unkenntnis als nützliche Idioten für antidemokratische Staaten und Bewegungen fungieren. Sie gehören mit ihren polarisierenden Inhalten zu jenen Lauten, die den Raum für all die klugen und vernünftigen Stillen blockieren.

Gerade in Antirassismus-Kreisen will Mensch nichts tun, was, wie es so schön heißt, den Rechten in die Hände spielt. Doch nichts anderes tun diese Personen mit ihrem ahnungslosen und deshalb gefährlichen (Medien-)Aktivismus.

Polarisierende Reden und die unkritische Huldigung sind an der Tagesordnung und werden zur Ursache für gesellschaftliche Spaltung und auch Gewalt. Denn Worte können aufstacheln. Sie tun es nicht immer und nicht bei allen, doch sie taten es in der Vergangenheit immer wieder. Alles beginnt mit spalterischer und hetzerischer Rede und mündet früher oder später in Gewalt, sei es 9/11, Hanau oder der NSU. Auf Worte folgen Taten.

Wir brauchen dringend ausgleichende Stimmen, die nicht große Reden schwingen, sondern über fundiertes Wissen verfügen. Die Zusammenhänge erkennen, wo Zusammenhänge sind, und sie nicht dort herstellen, wo sie sich nur für die Selbstinszenierung eignen, Likes und Followerschaft generieren und in Ablasshandel-Manier das schlechte Gewissen beruhigen. Denn am Ende spielt die egozentrische Haltung der Lauten antidemokratischen Systemen und Bewegungen in die Hände und fragmentiert unsere Gesellschaft immer mehr. Die Selbstkritik, die in der Demokratie gepflegt und notwendig ist, darf nicht dazu benutzt werden, Demokratie abzubauen. Und schon gar nicht darf sie dafür benutzt werden, eigene Krisen zu kompensieren und sich im

Selbsthass zu verlieren. Was passiert, wenn das alles nicht im Blick behalten wird, konnten wir bei dem TikTok-Hype um Bin Laden erleben. Heute Bin Laden, morgen Adolf Hitlers *Mein Kampf*. Darauf läuft es hinaus, wenn all die hyperaktiven Lauten sich und andere mit ihren Wissenslücken, Ignoranz und Kränkungen in den Abgrund reiten. So darf es nicht weitergehen.

13

Let's make Verantwortung great again!

In der heutigen Zeit, in der jede Person mit einem internetfähigen Endgerät und genügend Geltungsdrang selbst zum medialen Absender werden kann, ohne dass jemand dazwischensteht und fragt, ob das alles so richtig durchdacht ist, was Mensch da in die Kamera spricht oder niederschreibt. In einer solchen Zeit rückt mehr denn je die Verantwortung in den Vordergrund.

Der Duden definiert »Verantwortung« wie folgt: »[mit einer bestimmten Aufgabe, einer bestimmten Stellung verbundene] Verpflichtung, dafür zu sorgen, dass (innerhalb eines bestimmten Rahmens) alles einen möglichst guten Verlauf nimmt, das jeweils Notwendige und Richtige getan wird und möglichst kein Schaden entsteht«.

Entspricht das dem Handeln all der Menschen heute, die politisch, aktivistisch oder publizistisch und medial als handelndes Subjekt agieren? Schon das Sprechen, Schreiben und Filmen all jener, die sich immerzu lautstark zu Wort melden, zeugt nicht von verantwortungsvollem Handeln, damit »das jeweils Notwendige und Richtige getan wird und möglichst kein Schaden entsteht«.

Es fängt schon damit an, dass ihr Handeln all jene verdeckt und unsichtbar bzw. noch weniger hörbar macht, die tatsächlich verantwortungsvoll handeln, sprechen und schreiben. Gleichzeitig lassen sich zu viele vernünftige Stille unsichtbar/unhörbar machen und handeln dadurch ebenfalls verantwortungslos. Dabei bilden sie eine unglaublich diverse Gruppe ab, die mit ihren Perspektiven, Erfahrungen und Reflexionen für jede Gesellschaft einen wahren Schatz bilden und nicht nur mit ihrer Besonnenheit den Zusammenhalt einer Gesellschaft stärken, sondern mit ihren Ideen und Gedanken auch zu sinnvollen Lösungen kommen.

Dabei müssen sie selbst oft auf sich achtgeben, um nicht ausgenutzt zu werden, und gleichzeitig müssen sie ihre emotionalen Ressourcen schützen. Deshalb ist es von großer Bedeutung, sich mit Menschen zu umgeben, die sich selbst und andere achtsam behandeln. Sich abgrenzen, wo es nötig ist, ist eine Kunst und setzt oft eine gewisse Lebenserfahrung voraus. Es ist ein schwieriger Balanceakt, was nicht selten dazu führt, dass die vernünftigen Stillen lieber im Verborgenen bleiben. Doch durch ihre Zurückhaltung, ihre »Politik« der Nichteinmischung und des Nichteingreifens in problematische gesellschaftliche Entwicklungen verhindert leider, dass sich die Zustände bessern. Wenn sie keinen Widerspruch erheben, wo er angebracht ist, wenn sie keine fundierten, besseren Ideen in den Ring werfen, werden sie mit ihrer unsicheren Passivität zu einem Teil des gesellschaftlichen Problems. Wir sind alle Teile einer Gesellschaft, und Nicht-Handeln ist auch Handeln. Wer zu bestimmten Entwicklungen schweigt, stimmt zu.

Nicht alles muss zu jeder Minute kommentiert werden. Manchmal ist Schweigen tatsächlich Gold. Doch es gibt Momente, in denen es dringend nötig ist, einzugreifen und den Mund aufzumachen. Das spüren die vernünftigen Stillen auch durchaus. Doch allzu oft hindert ihre Unsicherheit sie daran, sich aktiv einzubringen. Und deshalb geschieht zu wenig, was durchaus möglich wäre: Wer sich nicht aktiv einbringt, sorgt eben *nicht* für einen besseren Gesprächsverlauf, obwohl das möglich wäre. Wer den Mund nicht aufmacht, wenn er etwas Gehaltvolles zu sagen hat, verhindert vielleicht eine bessere Wissenschaft, ein besseres gesellschaftliches Klima.

Die Lauten suchen in der Regel ausschließlich Anschluss und Anerkennung in Diskursräumen, in denen es eigentlich nicht um Gesehenwerden oder Bewunderung und schon gar nicht um Liebe geht, sondern um Inhalte, Problemlösungen und Fortschritt. Wenn es um Anerkennung, Gesehenwerden, gar Liebe geht, ist eine Gesprächsrunde oder Therapie in der Regel der bessere Ort.

Gleichzeitig verharrt die größte diverse Minderheit, nämlich die vernünftigen Stillen, zu sehr in Passivität. Diese Gruppe muss sich endlich ihrer Verantwortung stellen und genau jenen substanziellen Beitrag leisten, zu dem sie wie keine andere Gruppe fähig ist: Sie müssen sich zu Wort melden, klares kritisches Denken und sachliche Argumente einbringen und Meinungspluralität leben. Nur dann können sie ein Gegengewicht zu den polarisierenden Lauten bilden, die regelmäßig irgendwann in Menschenfeindlichkeit verfallen.

Gerade ihre persönliche Reife qualifiziert die rationalen und emotional ausgereiften Stillen regelrecht dazu, Verantwortung zu übernehmen und die Lauten an ihrem Wissen und ihren Fähigkeiten teilhaben zu lassen. Diese Stillen sind in der Lage, zu unterscheiden zwischen ihren Gefühlen und dem, was sich als »gefühlte Fakten« heranschleicht. Denn diese gefühlten Fakten münden oft in ein Moralisieren, das ausgrenzt und einen Herrschaftsanspruch geltend macht. Und dieser Herrschaftsanspruch dient in der Regel ausschließlich dazu, eine persönliche Leere zu kompensieren.

Die vernunftbegabten Stillen sind in der Lage, Dissens auszuhalten und sich konstruktiv für Demokratie, Freiheit und damit Vielstimmigkeit und das freie Wort einzusetzen. Die Menschen in die Selbstverantwortung bringen, dies entsprach dem Menschenbild des französischen Philosophen Jean-Jacques Rousseau im achtzehnten Jahrhundert. Er vertrat die Auffassung, der Mensch sei von Natur aus gut; erst durch das Umfeld und die Erziehung bildeten sich bei einem Teil der Menschheit schlechte Eigenschaften heraus. Eine gesunde und wohlwollende Gemeinschaft bringt eben auch gesunde Einzelpersonen hervor.

Vor diesem Hintergrund, der in der Tradition der Aufklärung wurzelt, bilden die vorausschauenden, sachlichen und wohlwollenden Stillen einen essenziellen Teil der Umwelt in einer Gesellschaft ab, den wir brauchen, um den für unsere freiheitlich-demokratische Grundordnung notwendigen Einfluss auf all die verantwortungslosen Lauten einen ausgleichenden auszuüben.

Dazu braucht es nicht nur in unserer heutigen Zeit Geduld. Deshalb muss Geduld heute genauso stark gemacht werden wie Verantwortung. Jede und jeder von uns muss Verantwortung für seine eigenen Worte im öffentlichen und privaten Raum übernehmen. Die ignoranten Lauten glauben allzu oft, dass in einer freiheitlichen Gesellschaft alles gesagt und getan werden kann, ohne dass es negative Auswirkungen für andere hat. Was auch immer sie sagen oder schreiben, sie glauben ernsthaft, es könne langfristig keinen Schaden anrichten. Dabei ziehen sie andere Menschen durchaus für deren Worte und Handlungen zur Verantwortung. Selbst aber weisen sie jegliche Verantwortung von sich. Um diese Entwicklung zurückzudrängen, braucht es Beharrlichkeit und Geduld. Und beides bringt die diverse Gruppe der vernünftigen Stillen mit, dazu Impulskontrolle und Wutmanagement.

Sie sind die wahren Held*innen unserer Zeit. Ihre freundliche, sachliche, aber bestimmte Art, auf ihr Gegenüber einzugehen, mindert auf gesamtgesellschaftlicher Ebene viele Kränkungen und ermöglicht all die nötigen Auseinandersetzungen, die wir vor uns haben, um auch als Gesellschaft zu heilen. Aufrichtiges Zuhören und wohlwollendes Interesse füreinander heilt unsere Gesellschaft Schritt für Schritt.

Dafür sind allerdings alle gefragt. Es gibt viel zu tun. Wir könnten endlich mehr voneinander und miteinander lernen, statt uns weiter spalten zu lassen. Lassen wir uns auf diese gemeinsame Reise zu mehr Verantwortung und Geduld für unser Handeln ein!

Wir müssen das Rad nicht neu erfinden. Wir müssen uns lediglich immer wieder daran erinnern, dass es nötig ist, unsere Welt und unsere Gesellschaft im Gleichgewicht zu halten. Und wenn sie nicht im Gleichgewicht ist, dafür zu sorgen, dass sie ins Gleichgewicht kommt.

Wir haben nur diese eine Welt. Und wir haben nur diese eine Gesellschaft.

In diesem Sinne: Weniger Gegeneinander. Mehr Miteinander! Packen wir es an!

Anmerkungen

1 https://www.google.de/books/edition/W%C3%B6rterbuch_der_philosophischen_Grundbeg/apqeRZAqhKEC?hl=de&gbpv=1&pg=PP5&printsec=frontcover
2 https://www.google.de/books/edition/W%C3%B6rterbuch_der_philosophischen_Grundbeg/apqeRZAqhKEC?hl=de&gbpv=1&pg=PP5&printsec=frontcover
3 = All cops are bastards
4 https://www.zdf.de/gesellschaft/markus-lanz/markus-lanz-vom-14-dezember-2022-100.html
5 https://www.fes.de/referat-demokratie-gesellschaft-und-innovation/gegen-rechtsextremismus/mitte-studie-2023
6 https://www.deutschlandfunk.de/die-neue-mitte-studie-deutlicher-anstieg-rechtsextremer-einstellungen-dlf-3a13399a-100.html, Minute 21:37
7 https://www.zeit.de/2011/03/Stephane-Hessel
8 https://www.fr.de/kultur/literatur/rueckkehr-rsistance-11432297.html
9 https://www.spiegel.de/kultur/warum-ist-woke-sein-nicht-links-susan-neiman-podcast-moreno-1-a-dc500678-09ef-4a94-b24a-8a51b73848c1 ff.
10 Erschreckende Studie belegt: Vertrauen in Demokratie schwindet – taz.de, https://taz.de/Erschreckende-Studie-belegt/!5179755/
11 https://www.podcast.de/episode/615936959/wolfgang-thierse-im-interview-mit-volker-resing-die-spd-hat-nur-in-eine-richtung-verloren-in-richtung-afd-und-cdu ab Minute 35:48
12 https://www.akweb.de/politik/40-jahre-putsch-in-der-turkei-ditib-graue-wolfe/
13 https://www.bpb.de/themen/rechtsextremismus/dossier-

rechtsextremismus/260333/graue-woelfe-die-groesste-rechtsextreme-organisation-in-deutschland/

14 Jeremy Corbyn refuses to call Hamas a terror group when asked 15 TIMES in explosive interview with Piers Morgan | Daily Mail Online, https://www.dailymail.co.uk/news/article-12745199/jeremy-corbyn-refuses-call-hamas-terror-group-explosive-piers-morgan-interview.html

15 https://books.google.de/books?id=WmDyDQAAQBAJ&pg=PA64#v=onepage&q&f=false

16 Russia Today Arabisch, Mousa Abu Marzouk, 27.10.2023

17 https://www.n-tv.de/politik/Deutsche-Neonazis-bejubeln-Hamas-Terror-in-Israel-article24471223.html

18 https://www.n-tv.de/mediathek/videos/politik/Hamas-will-Angriff-zwei-Jahre-lang-vorbereitet-haben-article24455259.html

19 https://www.nbcnews.com/news/investigations/us-investigating-whether-iran-gave-advanced-training-hamas-militants-rcna119824

20 https://www.washingtonpost.com/national-security/2023/10/09/iran-support-hamas-training-weapons-israel/

21 https://www.washingtonpost.com/national-security/2023/10/09/iran-support-hamas-training-weapons-israel/

22 München: Friedensgebet zum Krieg in Nahost überraschend abgesagt (t-online.de)

23 https://www.mdr.de/nachrichten/deutschland/gesellschaft/bka-straftaten-hamas-angriff-israel-100.html

24 Chaybar, Chaybar ihr Juden, die Armee Mohammeds wird zurückkehren. (arab.)

25 https://www.instagram.com/reel/Cyyz6TBthT_/?igshid=MTc4MmM1YmI2Ng==

26 https://www.instagram.com/reel/Cy1B8QANXIm/?igshid=MTc4MmM1YmI2Ng==

27 Brief der Senatsverwaltung: Berliner Schulen können Tragen von Palästinenser-Tüchern verbieten | rbb24, https://www.rbb24.de/politik/beitrag/2023/10/berlin-israel-senatsverwaltung-guenther-wuensch-schulfrieden-palaestinenser-tuecher-free-palestine-.html

28 https://www.tagesschau.de/inland/innenpolitik/deutschland-hamas-kritik-jubelfeier-100.html

29 https://www.tagesschau.de/inland/innenpolitik/deutschland-hamas-kritik-jubelfeier-100.html

30 https://taz.de/Archiv-Suche/!480171/

31 Zum Tode Arafats: Der Terrorist mit dem Nobelpreis – DER SPIEGEL, https://www.spiegel.de/politik/ausland/zum-tode-arafats-der-terrorist-mit-dem-nobelpreis-a-325329.html

32 https://www.tagesspiegel.de/politik/steinmeier-schickte-gluckwunsche-zum-jahrestag-der-islamischen-revolution-5317285.html
33 https://www.sueddeutsche.de/politik/konflikte-islamisches-zentrum-schliessen-druck-nach-terror-waechst-dpa.urn-newsml-dpa-com-20090101-231011-99-524015
34 https://www.aljazeera.com/gallery/2023/10/20/photos-palestine-solidarity-rallies-around-the-world
35 22.10.2023, Fayez Abuaita, Al-Arabiya Network
36 https://www.welt.de/print-welt/article645526/Diana-Effekt-gegen-Depression.html
37 Wie Demokratien sterben, Pantheon, 2018, S. 19
38 https://www.swrfernsehen.de/landesschau-rp/gutzuwissen/video-der-oeffentlich-rechtliche-rundfunk-100.html
39 Wie Demokratien sterben, Pantheon, 2018, S. 32 f.
40 https://www.watson.ch/international/t%C3%BCrkei/780283968-so-wurde-in-der-tuerkei-die-wahl-manipuliert
41 https://www.tagesspiegel.de/internationales/nach-harschen-ausserungen-erdogans-israel-zieht-diplomaten-aus-ankara-ab-10699159.html
42 https://www.mopo.de/hamburg/radikal-und-smart-wie-islamisten-in-hamburg-fuer-kalifat-und-scharia-mobilisieren/
43 https://www.merkur.de/politik/gueler-kalifat-islamisten-essen-generation-islam-anti-israel-demo-serap-zr-92661149.html
44 https://www.buzzfeed.de/news/israel-krieg-nora-achmaoui-pro-palaestina-fake-news-antisemitismus-dubai-influencerin-ird-92649361.html
45 KPD: Kommunistische Partei Deutschlands
46 Rede vom 4. Dezember 1935, zitiert nach: Goebbels-Reden – Band 1: 1932–1939. Hrsg. Helmut Heiber, Droste Verlag, Düsseldorf 1971. S. 272.
47 Deutsche Geschichte in Dokumenten und Bildern: GHDI – Document – Page (ghi-dc.org): »Hitler an Gemlich. München, 16. September 1919«, HStA München. Abt. II. Gruppen Kdo. 4. Bd. 50/8. Abschrift; abgedruckt in Ernst Deuerlein, »Hitlers Eintritt in die Politik und die Reichswehr«, *Vierteljahrshefte für Zeitgeschichte*, 7. Jahrgang, 2. Heft/ April 1959, S. 203–205.
48 Mein Kampf, Adolf Hitler, S. 357
49 The Spirit of Allah. Khomeini & the Islamic Revolution, Amir Taheri, Bethesda 1986, S. 131 f.
50 https://taz.de/Debatte-Antisemitismus-in-der-AKP/!5410004/
51 https://x.com/MiRo_SPD/status/1724336787298959376?s=20
52 https://taz.de/Portraet-des-Erdoan-Clans/!5393897/
53 https://rp-online.de/politik/ausland/recep-tayyip-erdogan-fuer-mich-ist-eine-frau-vor-allem-eine-mutter_aid-19754283

54 Red.
55 Das Tabu im Tabu – Kindesmissbrauch durch Frauen, SWR, https://www.ardmediathek.de/video/swr-story/das-tabu-im-tabu-kindesmissbrauch-durch-frauen/swr/Y3JpZDovL3N3ci5kZS9hZXgvbzE5Mzg5MTk, Minute 10:42
56 Das Tabu im Tabu – Kindesmissbrauch durch Frauen, SWR, https://www.ardmediathek.de/video/swr-story/das-tabu-im-tabu-kindesmissbrauch-durch-frauen/swr/Y3JpZDovL3N3ci5kZS9hZXgvbzE5Mzg5MTk, Minute 9:57
57 https://www.spiegel.de/wissenschaft/medizin/fruehe-homoeopathie-studie-wir-koennen-doch-gar-nicht-was-wir-behaupten-a-706337.html
58 Till Reiners – Menschliche Dummheit – YouTube, https://www.youtube.com/watch?v=bhJrUeKgbNY
59 Corona-Pandemie: »Dummheit hat Hochkonjunktur« – Gesellschaft – SZ.de (sueddeutsche.de), https://www.sueddeutsche.de/leben/corona-impfgegner-heidi-kastner-fritzl-1.5465565?reduced=true
60 Dumm geboren und nichts dazugelernt, 3sat, Minute 3:41, https://www.youtube.com/watch?v=aS_1t-a58Z8
61 Dietrich Bonhoeffer, Widerstand und Ergebung, Briefe und Aufzeichnungen aus der Haft, hrsg. von E. Bethge, TB Siebenstern, 1985. S. 14 f.
62 Akronym für Bondage, Discipline, Dominance/Submission, Sadism/Masochism
63 https://www.maennersache.de/die-groessten-tabus-der-weltgeschichte-6781.html#2-tabu-todliche-erfindungen fff.
64 https://www.stern.de/news/bundesfamilienministerium-warnt-vor-zunehmender-einsamkeit-in-der-gesellschaft-33603292.html
65 https://www.progressives-zentrum.org/wp-content/uploads/2023/02/Kollekt_Studie_Extrem_Einsam_Das-Progressive-Zentrum.pdf
66 https://www.spiegel.de/politik/deutschland/wenn-einsamkeit-die-demokratie-gefaehrdet-a-64711463-fd78-42cd-947d-f2aeee05dfd0
67 https://journals.sagepub.com/doi/10.1177/09567976221145316
68 Putin-Biograf Seipel soll Geld von Russland erhalten haben | tagesschau.de, https://www.tagesschau.de/inland/gesellschaft/seipel-russland-putin-102.html
69 http://www.theguardian.com/world/2002/nov/24/theobserver
70 Arabisch und im islamischen Sinne muslimische Gemeinschaft